王 颐◎编著

跟着运动健将一起练
——羽毛球

中国国际广播出版社

图书在版编目（CIP）数据

跟着运动健将一起练：羽毛球 / 王颐编著 . —北

京：中国国际广播出版社，2023.5

　　ISBN 978-7-5078-5337-7

　　Ⅰ . ①跟… Ⅱ . ①王… Ⅲ . ①羽毛球运动 – 基本知识

Ⅳ . ① G847

中国国家版本馆 CIP 数据核字（2023）第 088013 号

跟着运动健将一起练：羽毛球

编　　著	王　颐
责任编辑	尹　航
校　　对	张　娜
设　　计	中北传媒

出版发行	中国国际广播出版社有限公司 ［010–89508207（传真）］
社　　址	北京市丰台区榴乡路 88 号石榴中心 2 号楼 1701
	邮编：100079
印　　刷	廊坊市海涛印刷有限公司

开　　本	170×240　1/16
字　　数	208 千字
印　　张	15.75
版　　次	2023 年 5 月北京第一版
印　　次	2023 年 5 月第一次印刷
定　　价	86.00 元

前　言

随着我国经济的迅速发展，人民生活水平的日益提高，大家逐渐意识到身体健康的重要性和坚持体育运动的受益性，开始乐于把体育运动和高质量的社会文化生活结合起来。我国全民健身的氛围日益浓厚，越来越多的人对羽毛球运动产生了浓厚的兴趣，许多城市甚至出现了"羽毛球热"，各种羽毛球俱乐部、羽毛球协会、羽毛球培训班、高校羽毛球队、中小学羽毛球社团等，如雨后春笋般发展起来，可谓队伍庞大、声势浩大。

羽毛球运动具有深厚的文化底蕴、高雅的属性，符合人们追求时尚、健康的需求。它既是一种消遣和增进健康的方式，也是一种艺术的追求和享受，当然它还是一种扣人心弦的竞赛项目。如今，羽毛球体育项目已经被教育部列入"大中小学体育运动技能"，在这样的大好形势下，青少年应在积极参与的过程中学好羽毛球运动的技巧。而对于老年人来说，通过打羽毛球，不但能锻炼身体、结交球友，而且能丰富退休生活。对于上班族，特别是久坐、缺乏运动或需要长时间保持同一姿势的人来说，经常参加羽毛球运动能有效地锻炼颈椎、腕关节、腰腹、下肢等身体部位，提高上下肢、躯干的活动能力，同时能增强身体的协调性、灵敏度和反应能力，改善心肺功能，缓解压力。

可见，多参与羽毛球运动给人们带来的身心益处是多方面的，本书正是基于此而编写。

本书共分为七章：第一章从羽毛球运动的起源与发展、羽毛球运动的特征、羽毛球运动的终身体育思想和羽毛球运动带来的益处等方面，论述和探讨了羽毛球运动长盛不衰的原因；第二章主要讲解了羽毛球运动所必需的场地、器材和设备；第三章讲解了如何正确进行羽毛球运动之前的热身以及结束之后的拉伸；第四章的主要内容为羽毛球运动的基本功练习方法，包括常见的羽毛球运动的专业术语及解释，羽毛球运动的球感练习方法、手法练习方法、步法练习方法、身体素质练习方法，以及羽毛球单打球路练习方法等；第五章讲解了羽毛球运动的战术及运用，通过这一章的学习，可以在掌握羽毛球运动基本技术的前提下，根据不同对手的不同特点运用不同的战术，以掌握对战的主动权；第六章讲解了羽毛球运动的运动常识及常见损伤预防，有助于读者科学地进行羽毛球运动，有效地避免伤病；第七章介绍了羽毛球相关的知识，包括羽毛球运动竞赛常用规则、重要赛事、组织机构，以及羽毛球运动的基本礼仪等。

本书用通俗易懂的文字，深入浅出地介绍了羽毛球运动项目的基础知识和基本技术，实用性较强。同时本书配有示范图片，将动作进行了逐步分解，并指出了每一步动作的技术要点和相对应的注意事项，使练习者能更直观地学习羽毛球，做到一看就懂、一练就会。

编者力求以丰富的理论知识以及实用的实践经验，满足不同层次的羽毛球爱好者的需求，但由于时间仓促、水平有限，虽力求完善，书中仍难免有疏漏之处，请广大读者和同人批评指正。

王颐

2022 年 10 月 28 日

目　　录

第一章　羽毛球运动的历史

第一节　羽毛球运动的起源与发展

羽毛球是一项深受人们喜爱的运动，也是很多运动员在从事的职业。那么，究竟是谁发明了羽毛球？这项运动是如何发展起来的？对于羽毛球的起源与发展，知道的人可能并不多。要想打好羽毛球并真正享受到羽毛球运动带来的快乐，就有必要知道这些知识。

一、羽毛球运动的起源

羽毛球运动是目前比较热门的运动项目之一，但早在 2000 多年前，一种类似羽毛球运动的游戏就已经在中国出现，这种项目当时在中国被称为"打手毽"。打手毽是苗族从远古时代流传至今的运动游戏，苗语叫"麻古"。相传在远古时代，苗族祖先会把不同颜色的鸡毛捆扎成一束，再把瓜皮剪成酒杯口大小的圆片，中间钻圆孔，套在鸡毛束上，制作成毽子用来娱乐。如今，手毽又称"苗毽"，其毽身长约 50 厘米，是用当地大红公鸡和雄野鸡的羽毛扎成；毽头大如柿子，里面装有铜钱和银圆，外面裹着各种鲜艳的布条或者毛线，毽头既柔软又富有弹性。当摇晃或拍打手毽时，手毽会发出清脆的金属撞击声。这种游戏与现代羽毛球运动相似，可谓我国现存的最古老的羽毛球运动的表现形式。

14—15世纪，日本出现了类似羽毛球运动的游戏。当时的球拍是木质的，球是由樱桃核插上羽毛制成的。游戏由两个人用球拍来回对击，这便是羽毛球运动的雏形。但是，由于这种球的球托是樱桃核，重量过重，球的飞行速度太快，使得球的羽毛极易损坏，加上球的造价过高，所以该项游戏流行了一段时间就逐渐消失了。

此后，又有类似羽毛球运动的游戏出现在印度。大约在18世纪，印度的普那出现了一种名叫"普那"的游戏，与日本早年的游戏极其相似。他们的球是用直径约6厘米的圆形硬纸板做球托，并在中间插上羽毛而制成（类似于我国现在的毽子）。游戏中两人各持一个木拍，面对面站立，隔网将球在空中来回对击。19世纪60年代，一批英国退役军官将"普那"带回国，19世纪70年代初，英国人开始用软木头和羽毛组合改进这项运动。

现代羽毛球运动诞生于英国。1873年的一天，一位居住在格洛斯特郡伯明顿镇名叫鲍弗特的英国公爵，在招待宾客时凑巧赶上外面下大雨，宾客们因此无法回家，只能无聊地在屋中闲坐。众多宾客中有一位从印度退役的英国军官，他把在印度见到的一种游戏介绍给了大家，这个游戏就是"普那"。由于这项游戏趣味横生，所以很快就在当时的英国流行了起来。

由于诞生于伯明顿镇，所以人们便把这项新运动命名为"伯明顿"，也就有了英语中"羽毛球运动"的单词"Badminton"。如今的鲍弗特庄园中，仍陈列着数十个19世纪中期以来，不同时期的羽毛球、木质球拍等实物。20世纪之前的羽毛球活动场地是葫芦形，两头宽中间窄，然后在窄处挂网，直至1901年才改为现在的长方形场地。

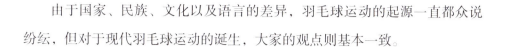

由于国家、民族、文化以及语言的差异，羽毛球运动的起源一直都众说纷纭，但对于现代羽毛球运动的诞生，大家的观点则基本一致。

二、羽毛球运动的发展

1875 年，羽毛球运动正式出现于人们的视野中。

1877 年，英国的巴斯羽毛球俱乐部成立。同年，英国出版了第一本《羽毛球竞赛规则》。

1893 年，英国 14 个羽毛球俱乐部组成了世界上第一个羽毛球协会——英国羽毛球协会，并规定了羽毛球的场地要求。

1899 年，英国羽毛球协会在伦敦温布利体育场举办了第一届"全英羽毛球锦标赛"，这是一场传统的、非正式的羽毛球锦标赛。之后，该项赛事每年举办一次，并沿袭至今。中国羽毛球队于 1982 年首次参与此锦标赛，并取得了较为优异的成绩。

20 世纪初，羽毛球运动迎来了第一个发展高潮，即逐渐从斯堪的纳维亚半岛流传到英联邦各国，并流传到亚洲、美洲、大洋洲和非洲等，几乎世界各地都可以看到它的身影。

1934 年，国际羽毛球联合会（International Badminton Federation，IBF）正式成立。该协会由加拿大、丹麦、英国、法国、爱尔兰、荷兰、新西兰、苏格兰和威尔士 9 个成员国共同发起，总部设在英国伦敦。至此，羽毛球国际比赛开始逐渐增多，并形成了稳步上升的趋势。

1939 年，国际羽毛球联合会通过了各会员国需要共同遵守的《羽毛球竞赛规则》。

20 世纪 20 年代到 40 年代，欧美国家的羽毛球运动发展很快，其中英国、丹麦、美国和加拿大的选手水平很高。

1948 年，苏格兰举办了首届世界男子羽毛球团体锦标赛——汤姆斯杯羽毛球赛（原每三年举办一次，1982 年起改为每两年举办一次）。在此次赛事中，马来西亚队犹如一匹黑马脱颖而出，其成功不仅仅是一次冠军的荣誉，更是为亚洲的羽坛谱写了新的篇章。至此，亚洲人称霸国际羽坛的时代正式到来。在 1948—1998 年举行的 20 届汤姆斯杯赛事中，印度尼西亚队夺得 11 次冠军，马来西亚队夺得 5 次冠军。中国队则于 1982 年才开始参加此赛事。

1956 年，世界女子羽毛球团体锦标赛——尤伯杯羽毛球赛开赛（原每三年举办一次，1984 年起改为每两年举办一次），前三届冠军均由美国队获得。

20 世纪 70 年代是一个新的历史节点，中国队和印度尼西亚队在羽毛球技术方面处于领先地位，屡创佳绩。在女子羽毛球方面，中国队、印度尼西亚队、日本队呈现出三强鼎立的局面。

1978 年 2 月，世界羽毛球联合会于中国香港正式成立。

1981 年 5 月，国际羽毛球联合会和世界羽毛球联合会正式合并，并重新恢复了我国在国际羽毛球联合会的合法席位，也由此揭开了国际羽坛历史上新的一页——我国羽毛球选手称霸国际羽坛的辉煌时期。

1988 年，韩国汉城（首尔）举办第 24 届奥运会，羽毛球被列为表演项目。

1992 年，西班牙巴塞罗那举办第 25 届奥运会，羽毛球被列为正式比赛项目，并设男单、女单和男双、女双四个项目。

1996 年，美国亚特兰大举办第 26 届奥运会，增设了羽毛球混合双打项目，从此羽毛球运动进入新的发展阶段。

2006 年，国际羽毛球联合会更名为羽毛球世界联合会（Badminton World Federation，BWF）。同年，羽毛球运动的新规则在试行 3 个月后正式实施，并在同年的汤姆斯杯、尤伯杯羽毛球赛中被首先采用。

2017 年 11 月，羽毛球世界联合会讨论通过了羽毛球发球新规则，要求发球时击球点的高度不能超过 1.15 米。和以往发球不能过腰的规定相比，新规则看似更加精准，但也引起了不少身材高大选手的抗议。

三、我国羽毛球运动的发展概况

现代羽毛球运动于 20 世纪初传入中国，最初是在上海流传起来。这个时期的羽毛球运动多以娱乐健身为主。

中华人民共和国成立后，竞技羽毛球运动开始起步。1953 年，我国将羽毛球运动正式列为比赛项目，并首次举办了全国性羽毛球表演赛。1954 年，一批印度尼西亚爱国华侨回国，带回了先进的羽毛球技术，并在福建省组建了我国第一支羽毛球国家队，从此我国羽毛球运动开始走向正规化。1956 年，天津举办了首次全国羽毛球锦标赛，并规定此后每年举行一次全国比赛。自此，我国羽毛球运动的技术水平得到了迅速提高。

20 世纪 60 年代，我国羽毛球运动员在学习借鉴国外先进羽毛球技术的同时，结合本国羽毛球运动员的身体特点，进行了许多技术上的创新。但是受当时国际环境的影响，中国羽毛球队参加国际大赛的机会较少。

改革开放之后，我国羽毛球运动逐渐迎来了全面发展。1982 年，中国男子羽毛球队参加了第 12 届汤姆斯杯羽毛球赛，并最终夺得团体冠军。"中国队首次参赛就获得了汤姆斯杯，标志着世界羽毛球运动从此进入了一个新的时代。"国际羽坛人士如是说。1983 年，我国首次参加世界羽毛球锦标赛，其中，李玲蔚荣获女单项目冠军，林瑛和吴迪西荣获女双项目冠军。1984 年，中国男子羽毛球队获得第 13 届汤姆斯杯羽毛球赛亚军。1986 年，中国男子羽毛球队在第 14 届汤姆斯杯羽毛球赛中夺冠。我国羽毛球队在比赛中不断取得佳绩，促进了群众性羽毛球运动的蓬勃发展。此后，国家不断加大对竞技和群众性羽毛球运动的投入，使得我国羽毛球运动得以蓬勃发展和提高。

20 世纪 90 年代，我国羽毛球队一批优秀的老队员退役，而新队员尚未成长起来。与此同时，欧亚羽毛球强国均将中国羽毛球队作为主要对手，采取了一些针对性的技术、战术。由此，中国竞技羽毛球在国际比赛中的成绩有所下降，我国羽毛球运动开始进入调整期。

此后，随着我国改革开放的不断深入和经济实力的持续增长，羽毛球运动逐步迎来了高峰发展时期。

2000 年，中国羽毛球队在悉尼奥运会上共获得男子单打、女子单打、女子双打和混合双打项目 4 枚金牌。

2001 年，中国羽毛球队第四次夺得苏迪曼杯；在世锦赛上，龚睿那夺得女单冠军，高崚、黄穗夺得女双冠军。

2003 年，在世锦赛上，夏煊泽夺得男单冠军，张宁夺得女单冠军，高崚、黄穗夺得女双冠军。

2004 年，中国羽毛球队夺得汤姆斯杯、尤伯杯双冠军；在第 28 届奥运会上，张宁夺得女单冠军，张军、高崚夺得混双冠军，杨维、张洁雯夺得女双冠军。这标志着我国从此重返世界羽毛球强国之列。

2005 年，中国羽毛球队夺得苏迪曼杯冠军；在世锦赛上，谢杏芳夺得女单冠军，杨维、张洁雯夺得女双冠军；在世界杯上，林丹夺得男单冠军，蔡赟、傅海峰夺得男双冠军，谢杏芳夺得女单冠军，杨维、张洁雯夺得女双冠军，谢中博、张亚雯夺得混双冠军。

2006 年，中国羽毛球队夺得汤姆斯杯、尤伯杯双冠军；在世锦赛上，谢杏芳夺得女单冠军，林丹夺得男单冠军，蔡赟、傅海峰夺得男双冠军，高崚、黄穗夺得女双冠军；在世界杯上，林丹夺得男单冠军，王仪涵夺得女单冠军，高崚、黄穗夺得女双冠军。

2007 年，中国羽毛球队夺得苏迪曼杯冠军；在世锦赛上，林丹夺得男单冠军，朱琳夺得女单冠军，杨维、张洁雯夺得女双冠军。

2008 年，中国羽毛球队夺得汤姆斯杯、尤伯杯双冠军；在举世瞩目的第 29 届北京奥运会上，中国队夺得了羽毛球比赛的女单、女双、男单 3 项冠军。

2012 年，在伦敦奥运会上，中国羽毛球队获得 5 枚金牌、2 枚银牌、1 枚铜牌，包揽了羽毛球单项比赛的所有金牌。

2016 年，在里约奥运会上，中国羽毛球队共获得 3 枚奖牌——谌龙获得男单冠军、傅海峰和张楠获得男双冠军、张楠和赵芸蕾获得混双季军。

2020 年，在东京奥运会上，中国羽毛球队共获得 2 枚金牌、4 枚银牌，其中陈雨菲获得女单冠军，王懿律、黄东萍获得混双冠军，谌龙获得男单亚军，李俊慧、刘雨辰获得男双亚军，陈清晨、贾一凡获得女双亚军，郑思维、黄雅琼获得混双亚军。

近年来，中国羽毛球取得了良好的成绩，运动员的水平也保持着世界上的高水准。但也可以看到，随着羽毛球运动的不断发展，世界羽坛呈现出百花齐放、百家争鸣的良性竞争局面，未来羽毛球运动将进入更快的发展阶段。

第二节 羽毛球运动的特征

羽毛球运动既是一项室内外皆宜的有氧健身运动，也是一项最适宜进行终身体育的运动项目，符合现代社会人们的需要，深受中老年人和青少年的喜爱。羽毛球运动能风靡全世界，这是由它的运动特点决定的，即具有普遍性、可控性、娱乐欣赏性等特征。

一、普遍性特征

羽毛球运动是隔网对抗运动的一种。隔网对抗运动是指通过球网隔开进行的运动，如大家所熟知的羽毛球、排球、网球、乒乓球等项目。

在非比赛的情况下，羽毛球运动可以作为一种健身运动，其运动场地和参与人群具有随意性特点，这是羽毛球运动成为普遍性体育运动的主要原因。羽毛球运动对器材的基本要求很简单，只需要两个球拍、一个羽毛球、一根绳子就可以，运动场地只要是平整的空地即可。如果是风不大的天气还可以在户外进行，同时还能接受阳光的照射，感受大自然的美好。

羽毛球运动作为游戏性较强的一项运动，运动量可大可小，对于参与人群的年龄段没有限制。身强体壮的年轻人可以拼尽全力进行"厮杀"，尽情散发青春的朝气；年老体弱、年龄较小的参与者可以根据自身的情况来确定运动节奏，达到强身健体的效果。不同的年龄段、不同的性别、不同的身体素质，都可以在羽毛球运动中找到运动的乐趣。

羽毛球运动尤其适合现在的上班族，特别是那些工作方式单一的人群，如 IT 人员、文案编辑、机械安装工等从业者。经常参加羽毛球运动能有效地锻炼颈椎、腕关节、腰腹、下肢等身体部位，提高上下肢、躯干的活动能力，同时增强身体的协调性、灵敏度和反应能力，改善心肺功能，还可以缓解心理压力。另外，羽毛球运动也是人际交往的手段之一，不同领域、不同性别、不同年龄的参与者都可以通过羽毛球运动结交朋友、交流球技。

二、可控性特征

作为一项适合各个年龄段人群的健身运动项目，羽毛球运动具有可控性特征，这主要表现在方式和内容两个方面。

羽毛球运动的运动方式较为丰富，既可以单打（两人对练），也可以双打，双打包括男子双打、女子双打、混合双打，在非比赛的情况下甚至可以随意组合对抗。单打时，两名参与者可以随心所欲地打出任何幅度、远度、速度的球。双打时，同一组参与者的协调、配合非常重要，"个人英雄主义"则行不通。

羽毛球运动作为一项老少皆宜的运动项目，运动量可以根据参与者的年龄、健康状况、运动水平，以及运动场地的具体情况而定。对于儿童来讲，羽毛球运动不仅可以作为趣味性活动来开展，5岁以上的儿童也可以拿起羽毛球拍跟父母对练，所以羽毛球运动可以说是最好的亲子运动之一。儿童在活动中还能加快头脑反应、完善眼球功能的发育、发展优秀的品格等。青少年参与羽毛球运动可促进其生长发育、提高其身体机能，以中强度的运动量为宜，活动时间40—50分钟即可。体弱者和老年人则应将羽毛球运动作为保健、康复方式进行，可根据自身情况控制节奏、力度、角度等，运动量宜小，活动时间以20—30分钟为宜，主要以排汗、舒展关节为目的，从而预防和辅助治疗老年心血管和神经系统等方面的疾病。身体状况好的年轻人在参与羽毛球运动时，则可以适度加大运动量、延长运动时间，让身体各个部分的肌肉得到锻炼，从而增加肺活量，促进新陈代谢，以及释放负面情绪。

三、娱乐欣赏性特征

前羽毛球世界联合会主席保罗·埃里克·霍耶曾经在接受记者采访时说过，要推广羽毛球运动就要增加这项运动的娱乐性。霍耶认为，赛事的娱乐性特别重要，因为体育比赛不仅仅是体育本身，同样也应该给观众带来各种娱乐感和观赏性。就羽毛球运动本身来说，就是要通过运动抓住观众的兴趣。

不管是参加羽毛球运动，还是欣赏羽毛球比赛，都是一种精神和肉体的享受。我们既可以自己亲自在场地上打球娱乐身心，也可以欣赏高水平运动员精彩的球技。尤其是在专业赛事中，多变的战术体现出智慧的较量，使人兴趣盎然、回味无穷，全场比赛扣人心弦，让人心潮澎湃、为之沸腾。

羽毛球运动作为一种娱乐活动，其参与者在对战过程中，通过不停地奔跑和变换动作，努力地把球击到对手的场地，而每当击球者击出一个好球或赢得一个球时，都能产生兴奋感并获得一种成功的喜悦。同时，球的飞翔又有高低、轻重、快慢、远近、飘转等变化，这也使羽毛球运动充满了乐趣。

千变万化的羽毛球技巧使羽毛球运动具有很高的观赏性，如猛虎下山般的上网、身如满弓似的扣杀、蛟龙出水般的跳起击球、犀牛望月似的抢扑救球等，一切都在展示着羽毛球运动的力与美，使观赏者心情愉悦。

羽毛球运动是一门艺术、一种文化，是身体与智慧完美结合的一种高雅运动。人们可以通过羽毛球运动充分享受运动的乐趣，以陶冶情操、提高境界。

第三节　羽毛球运动的终身体育思想

20世纪80年代，我国出现了一个新概念——"终身体育"，它是指一个人终身进行身体锻炼、接受体育教育。羽毛球运动能够风靡全世界，不仅取决于它的运动特点，还与人的身体、心理、能力等因素息息相关，羽毛球运动具有很高的终身健身价值。

终身体育是现代生活方式的需要，而羽毛球运动富有时代特色，具有极高的健身、健心、能力培养的锻炼作用，是最适合人们进行终身体育的项目之一，我们有理由把羽毛球运动归为人们终身体育的出发点和归宿。

一、终身体育的含义及主要特征

从本质上来说，终身体育是创造人生价值，从生到死进行体育教育的过程。正如法国当代著名的成人教育家保尔·朗格朗所说，"必须抛弃那种认为体育只是在一生的一个短暂的时期内进行的观点"，"应当更好地使体育和整个终身教育结合起来，把它从单纯的肌肉作用、从它与文化隔离的状态中解放出来，把它与智力的、道德的、艺术的、社交的和公民的生活等更紧密地结合起来"。

（一）终身体育的含义

所谓"终身体育"，是指一个人终身进行身体锻炼并接受体育教育，这是现代社会发展的需要，对人民的健康有重要意义。

终身体育的含义包括两个方面：一方面，指人从生命开始至生命结束始终学习与参加身体锻炼，使终身有明确的目的性，使体育成为生活中始终不可缺少的重要内容；另一方面，指在终身体育思想的指导下，以体育的体系化、整体化为目标，为人类提供在不同时期、不同生活领域中参加体育活动机会的实践过程。

（二）终身体育的特征

专家学者归纳了终身体育的主要特征，具体内容有以下几点。

1. 广泛性

终身体育的教育对象、结构体系、目的和任务、教育时限和部门机构是广泛的，而不是单一的。就教育对象而言，终身体育涵盖所有年龄组，不分行业和待遇。从结构体系来看，终身体育包括幼儿园体育、中小学体育、各级体育学校、运动队、家庭体育、体育科技教育学院，以及社区街头体育、职工体育、军事体育、残疾人体育和老年体育，它们相互交织，形成一个动态开放的网络系统。在具体任务上，终身体育不仅有系统的体育知识传授、能力培养和体育素养提高，还有体育人生观、体育价值观、体育环境、社会公德教育、家庭体育保健知识咨询、老年妇女儿童锻炼指导、健康教育、体育娱乐与欣赏、体育法规宣传等内容。

2. 整体性

终身体育是一个人终身进行有目的、有计划、有系统的身体锻炼并接受体育教育，以促进身心健康。终身体育是一个大的系统，体育各部门机构在这个大系统中是一个纵横交错、衔接贯通的有机整体，为人们提供学习和锻炼机会的体育设施、体育场馆等体育基础设施则是这个大系统中的物质基础。

3. 民主性

体育事业单位的设立和国民经济发展的措施，应当以适应国民经济发展需要的广泛的公有制和公共服务为基础，体制和措施的建立也要适应国民经济广泛的身心发展。同时，公民终身参与体育教育和体育锻炼是建立在自愿意识的基础之上，没有任何强迫或胁迫存在。当公民需要时，可以在任何时间、任何地点和不同的环境条件下获得体育教育和体育锻炼的机会，人人有权享受和使用周围环境中的体育设施和场地进行活动。

4. 开放性

当前，终身体育已逐步向人们日常工作、学习和生活的各个领域渗透，终身体育的思想和观念也日益被人们接受，逐渐成为一种共识。终身体育的理论亦逐渐化为实施的方针、政策和措施，并付诸实践，成为人们生活中的一个重要内容，以及构成现代生活方式的重要组成部分。

5. 多样性

终身体育的目标是多方面的，而不是单向的。根据不同地区和不同人群的体育需求，体育教育在具体的培养目标、学习内容、训练方法、办学条件、层次结构和时间上不能等同于普通教育，而应该提供多种多样的可供选择的体育项目和体育教育。多样性的锻炼机会可以满足个人或群体多层次的需求，以保证终身体育多维度目标的实现。

二、老少皆宜的羽毛球运动

鉴于终身体育的含义及特征，羽毛球运动可以说是一项老少皆宜的体育运动，与终身体育的理念十分契合。

（一）2—4 岁参与羽毛球运动的好处和方法

2 岁能打羽毛球吗？能！被称为"马来西亚羽球一哥"的李宗伟的儿子，2 岁时就开始挥舞羽毛球拍。

2—4 岁的幼儿参加羽毛球运动可以开发智力、锻炼大小脑、提高运动协调性，以及提高视神经系统的追踪能力。这个年龄段的孩子对世界充满了好奇，父母可以娱乐的方式带动孩子参与羽毛球运动，让孩子的视线跟随球体运动，大脑快速地运转。孩子可以拿着儿童球拍击球，从而建立肌肉系统，以完成精细化的技巧性运动，锻炼小脑。

幼儿参加羽毛球运动不一定要在正规的场地进行，只要有一块空地即可。如果再拉上一根彩色绳子代替球网，则更加能引起孩子的兴趣。

（二）5—12 岁参与羽毛球运动的好处和方法

5—12 岁是人类开发智力的最好阶段，每天抽出一段时间参加羽毛球运动，对于孩子综合能力的提升有很大作用。

如今，很多孩子在小学阶段就戴上了眼镜，除了因为从小就频繁使用电子产品外，还有一部分原因是眼睛的运动少了，眼睛长时间定焦在同一个距离的物体上。而打羽毛球的时候，眼睛要随时跟着球运动，自动对焦，从而可以纠正假性近视。另外，羽毛球运动还能提高孩子的注意力，使他们在学习时能长时间保持专注，上课听讲也能更加认真。

初学羽毛球运动的孩子主要以培养兴趣为主，尽量少让他们做重复性的机械动作，建议多个孩子一起学习，还可以加入趣味游戏的方式，或者加入良性竞争的赛事方式。

（三）13—18 岁参与羽毛球运动的好处和方法

13—18 岁的孩子正处于初高中阶段，这个阶段学习任务繁重，学业压力较小学时期增加了很多。同时，这个年龄段的孩子正处于青春期，如果找不到压力的输出端，情绪没办法得到很好的调整，就很容易被厌学、抑郁、焦虑、厌食、狂暴等情绪困扰，所以，家长在重视学习成绩的同时，也可以带着孩子多参与羽毛球运动，以此减压，并提高孩子的抗压能力，锻炼其心理素质。

在这个年龄段，如果不打算把羽毛球运动作为专业去学习，也可以把羽毛球运动作为一个兴趣爱好去坚持，每个星期参加 3 至 4 次，每次 1 小时左右。除了训练技术外，还可以找机会去参加比赛。通过比赛可以释放平时学业上的压力，同时也可以锻炼心理素质，提高抗压能力。

（四）19—35 岁参加羽毛球运动的好处和方法

19—35 岁这个年龄段正值青壮年，身体不再发育，身体机能到达最佳状态，是进行体育运动最好的年龄段。

在学校、在单位，羽毛球运动不但是一项全民性运动，还可以由此扩大社交圈。但是在和同学、老师、同事、领导打球的时候，要注意不要光顾着展示自己的球技，更要学会交流、活跃气氛，可以通过羽毛球运动锻炼自己

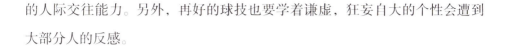

的人际交往能力。另外，再好的球技也要学着谦虚，狂妄自大的个性会遭到大部分人的反感。

（五）36—60岁参加羽毛球运动的好处和方法

36—60岁的人正处于人生的中年阶段，而羽毛球运动是最好的健身运动方式之一。坚持参加羽毛球运动，可以增强心肺功能，缓解颈椎病、腰椎病，活跃细胞，延缓衰老。特别是40岁以上的中年人，各种慢性疾病开始显现，身体体质逐渐下降，如果能坚持每周参加3至4次羽毛球运动，慢性疾病出现的概率会大大降低，还能增强自身体质。

需要注意的是，此年龄阶段不宜过量运动，每次打球时间不宜过长，要量力而行，运动期间可以适当补水后休息一下再继续。另外，在参加羽毛球运动前，一定要做好热身运动，防止运动损伤。

（六）61—79岁参加羽毛球运动的好处和方法

对于61—79岁这个年龄段的人来说，身体的各部位机能开始衰退，心肺功能变弱，骨密度减少，骨头开始变脆，坚持参加羽毛球运动可以延缓衰老、延年益寿，还可以预防骨质疏松和阿尔茨海默病等。

但是这个年龄段的羽毛球爱好者在打球的时候，建议适当运动即可，而且发力不宜过猛。有时间的话，可以坚持每天打上1个小时羽毛球，提高心肺能力。需要注意的是，一定要先热身，多喝水，多休息。

（七）80岁以上参加羽毛球运动的好处和方法

80岁以上年龄段的人能打羽毛球？有的人会表示怀疑。事实上，现实生活中有不少百岁老人还在参加羽毛球运动，甚至去参加比赛！

一句话，这就是生命的意义！他们依然像30多岁的年轻人一样，坚持打羽毛球，坚持运动，保持一颗年轻的心，这是羽毛球带给他们的精神力量。这个年龄段的羽毛球爱好者打球时，也是适当运动即可，一切量力而为。

第四节　羽毛球运动带来的益处

传统健康观认为，"无病无痛即健康"，但现在所讲的"健康"，是整体健康，是指一个人在身体、精神和社会等方面都处于良好的状态。这主要包括两个方面：一方面是最基本的要求，包括主要内脏器官没有疾病、人体各系统具有良好的生理功能、身体形态发育良好、身体活动能力和劳动能力较强等；另一方面是对疾病具有较强的抵抗能力，能够适应各种生理刺激、社会环境变化，心理健康，具备良好的道德品质等。

一、羽毛球运动与身心健康

据相关资料统计，羽毛球运动已经超越乒乓球运动，成为我国参与人数最多的球类运动，整个羽毛球人口高达 2.5 亿[1]。羽毛球之所以深受人们的喜爱，很大程度上是因为羽毛球运动能够给人的身体和心理两方面带来积极有益的影响，在强身健体、锻炼意志品质等方面起着重要的作用。

（一）羽毛球运动与身体健康

经研究证明，在众多体育运动项目中，羽毛球运动是老少皆宜的最健康的运动方式之一。而由牛津大学主导、耶鲁大学合作，以美国疾控中心等机构的 120 万人数据为基础的研究也证明，包括羽毛球在内的挥拍运动是对身

---

[1]　北京青年报.中国羽毛球人口 2.5 亿，专家：最适合老百姓运动［EB/OL］.（2014-04-01）〔2022-11-01〕.https://sports.qq.com/a/20140401/023131.htm.

体最好的运动。挥拍运动是抗阻、有氧、高强度间歇的组合，可降低全因死亡率（指所有死因的死亡率）水平最高。

在羽毛球运动场上，来回球的速度很快、时间很短暂，前场、后场需要快速移动击球，中后场的扣杀需要力量；在双方对拉回合的过程中，为了取得主动权需要有较快的速度和较高的耐力；在需要扑救球时，需要有很好的灵敏度和柔韧性。在双打中，不但需要极快的反应与判断能力，还需要默契度和配合度。羽毛球运动需要参与者迅速、准确地判定对手来球的落点、旋转、速度及战略意图，而且还要迅速、果断地做出动作决策，并采用相应的技术回击，这就要求参与者具有判断快、启动快、步法移动快、出手击球快、动作还原快，以及战略决策快等素质。可见，羽毛球运动是一项对发展力量、速度、灵敏、协调和反应能力等非常有利的运动。

总的来说，经常参加羽毛球运动可以提高四肢及躯干的活动能力，改善呼吸系统和心血管系统的功能，提高有氧供能和无氧供能的能力，提高全身肌肉抗乳酸的能力，起到抗病防衰、调节精神、缓解颈椎不适和调节视力的作用等。

（二）羽毛球运动与心理健康

随着现代社会的高速发展，社会竞争越来越激烈，再加上科学的飞速进步让新知识爆炸性地增加，人们被迫地进行知识更新，观念意识、情感意识也由此复杂化，人们长期处于情绪负重的状态。要避免或消除各种压力带来的心理应激、心理危机或者心理障碍，预防精神疾病和身心疾病的发生，在加强心理健康教育的同时，加强体育锻炼对心理健康有着很多益处。

羽毛球运动是一项技术性的竞技类项目，其学习内容的多样性、多变性、复杂性和吸引力足以使参与者从中体验到愉快、紧张、兴奋等多种不同的情绪。羽毛球运动可以全面发展身心健康，最大限度地挖掘人的潜力，让参与者在体力、智力及心理上，都能得到更好的锻炼。特别是在羽毛球比赛中，紧张而激烈的赛场就犹如一场考试，考验着参赛者的身体素质和心理素质。在赛场上迅速判断场上形势、制订相对的作战计划、快速出击，都需要较强的身体素质和心理素质相配合。而当赛事进入白热化阶段的时候，参赛者更需要坚强的毅力稳定心态、把握时机，才能取得最后的胜利。

以初高中生为例。处于人生花季的初高中学生因为学业繁重，容易处于情绪低落的状态中，常常表现得自卑、暴躁、孤独、畏缩等，在公共场合可能还会紧张、手足无措，甚至精神萎靡不振。而羽毛球运动则可以给孩子提供释放情绪的平台，因为羽毛球运动中的竞技性能激发进取心，鼓舞人的意志。经常参加羽毛球运动的孩子可以在激烈的运动中释放负面情绪和心理压力，同时在锻炼身体的过程中提高自我调节和控制的能力，培养积极进取和勇敢顽强的精神，发展自觉性、果断性等良好的意志，从而有效地提高心理承受能力，减少心理疾病的发生和发展。与此同时，孩子在参与羽毛球运动的过程中，可以树立正确的人生观、世界观和价值观。总之，羽毛球运动对心理健康有着诸多正面影响。

二、羽毛球运动与能力培养

从能力培养方面来讲，羽毛球运动有助于提高人们的身体协调能力、手眼结合能力、脚步移动能力、社交能力等。

（一）提高身体协调能力

身体协调能力是人的力量、速度、灵敏、耐力、柔韧等素质在中枢神经系统的支配下，在空间和时间上的综合反应，对于完成各种动作是非常必要的。对于羽毛球初学者来说，动作僵硬、死板，以及身体使不上劲、四肢不灵活是最常见的问题，这都是身体的协调性不好而造成的。要想打好羽毛球，身体协调是首要条件，好的协调能力可以使参与者在运动过程中有效减少多余动作，减少动作的准备时间，并且在次要动作阶段节省体力，保证自己的机体体能，以便能更准确、更快速地回击，同时能避免身体局部肌肉过度负荷，减少运动性损伤的出现。

羽毛球初学者可通过一些训练方法来提高自己的身体协调能力，如将羽毛球向上抛起，下蹲并用手触地后，迅速站起来用单手接球；也可以通过一些基础动作练习提高身体协调性，如纵跳、原地快频率跑、折回跑、半蹲练习和负重练习等。

（二）提高手眼结合能力

手眼结合动作就是需要同时用眼睛和手一起做的事情，是通过协调眼睛接收到的信息及大脑发送到手臂、手部和身体的信号而实现的。优秀的手眼结合能力对羽毛球运动有重要意义。

要提高手眼结合能力，羽毛球运动者需要学会看准羽毛球，仔细观察羽毛球的落点和方向。同时，在面对不同角度的羽毛球时，也要学会选择合适的击球方式。根据不同来球的角度采取不同的击球方式，是打好羽毛球的关键，也是羽毛球运动的基础。

（三）提高脚步移动能力

对于羽毛球运动而言，运动者的脚步移动能力也是反应能力的一种体现，在比赛中起着至关重要的作用。运动者首先要判断出羽毛球的走向，然后快速地移动自己的位置，之后进行快速的反击。

要提高脚步移动能力，首先，要站姿正确，移动灵活，步法启动和回动要有节奏。其次，要注意髋关节柔韧性和伸展面的训练，以及膝关节与股四头肌群力量的训练。脚步移动的关键是步法，只有通过正确的步法练习才能提高脚步移动能力。脚步移动的步法有启动步、垫步、交叉步、小碎步、并步、蹬转步、蹬跨步和腾跳步等，这些都是羽毛球运动的基本步法（详细内容可参照第四章内容）。

（四）提高社交能力

羽毛球运动是一项群体性活动，坚持参加羽毛球运动，不仅可以锻炼身体，还可以拓展人际交往圈。一群人在一起学球和打球，可以认识更多的朋友和同龄人，也可以在运动过程中学会怎样和他人交流、配合。尤其是老年人，寂寞的时候通过羽毛球就可以拥有陪伴者，为退休生活增添一些色彩。年轻人也可以把羽毛球运动当作一种交友渠道，一种人际交往的手段，在运动的过程中找到一些共同话题，更能拉近彼此的关系。在全民运动的今天，人们的终身体育精神越来越强烈，参与羽毛球运动的朋友也越来越多，所以，羽毛球运动也是一种社交。

第二章　羽毛球运动的场地、器材与装备

第一节　场地

羽毛球运动的场地是专门用于羽毛球训练或比赛的长方形运动场地，它除了对场地标准有严格要求外，还对净空高、地板、灯光、风力等有着要求。

一、场地的规划要求

羽毛球场地应为一块长方形场地，长 13.4 米，双打场地宽 6.1 米，单打场地宽 5.18 米，双打场地对角线长 14.723 米，单打场地对角线长 14.366 米。球场各线宽均为 4 厘米，丈量时要从线的外沿算起。球场各条界线最好用白色、黄色或其他易于辨别的颜色。羽毛球各级比赛场地的需求可见表 2-1。

表 2-1　羽毛球各级比赛场地需求表

	国际	县市	乡镇、俱乐部
高度	12 米	9 米	9 米
场地全长	20 米（含缓冲区）		
赛场区域（双打场地）			
长度	13.4 米	13.4 米	13.4 米
宽度	6.1 米	6.1 米	6.1 米
底线到墙（至少）	5 米	2.3 米	5 米
边线到墙（至少）	4 米	2.2 米—1.2 米	2.2 米
相邻球场（至少）	2.0 米	2.0 米—0.9 米	0.9 米
全场最小尺寸			
一面单打场地	20 米 × 14 米	20 米 × 12 米	20 米 × 10 米（至少）
二面场地	20 米 × 18.6 米	20 × 18.6 米	18 米 × 16 米（至少）
每增加一面场地至少增加面积	＋ 20 米 × 8.1 米	＋ 20 米 × 8.1 米	＋ 18 米 × 7.0 米（至少）

　　所有场地线都是它所界定区域的组成部分。理想的羽毛球比赛场地是由弹性木材拼接而成，在羽毛球国际比赛中已采用化学合成材料做成可移动的球场。按国际比赛规定，羽毛球场地上空 12 米以内，球场四周 2 米以内（含相邻的两个球场），不得有任何障碍物。球场四周的墙壁最好为深色，同时要避免风的干扰。如由于客观条件的限制达不到上述要求，经有关部门批准可以制定出切合实际的补充规定。

　　如果在室外打球，要选择一个比较空旷的场地，人流量较多的地方可能会受到干扰或出现意外。还要注意不要选择有水或潮湿的地方，因为打羽毛球需要一直跑动，如果地上有水，很有可能引起滑倒，造成严重的摔伤。

二、场地的净空高度要求

国际赛事的羽毛球场地是经过羽毛球世界联合会反复测试制定的。其中，羽毛球场地的净空高也有规定，奥运会、青运会、一类赛和二类赛事的1至5级赛事整个比赛场地净空高度至少12米。比赛区域上空的这一高度内，不应有横梁和其他障碍物。羽毛球世界联合会批准的其他赛事整个比赛场地净空高度至少9米，比赛区域上空的这一高度内，不应有横梁和其他障碍物。净空高度7.6米以下的场地可用于举办儿童羽毛球比赛和休闲羽毛球活动。

三、场地的灯光要求

按国际比赛要求，羽毛球场地灯光需来自场地边线1米以外、12米以上的高度，亮度至少平均达到1000勒克斯（Lux）。照明灯具配置应依球场位置规划，一般而言灯光不得直接置于比赛场地正上方，以避免眩光和灯光对运动员视觉产生影响。比赛场地后方的灯光应调至不对运动员视觉产生影响的亮度。灯光应在球场两侧，其设计必须能够随着球场方向设置随时调动（例如照点本来是东西向因比赛需求更改为南北向），且排列方式应与羽毛球飞行的方向平行。另外，灯光设计应避免闪烁设计。若为羽毛球专用球场，应采用侧边垂吊照明的方式，可避免眩光；若为综合球场，则灯具应自边缘外侧投射照明。

四、场地的地板要求

羽毛球场地的地板可以使用木材、复合材料和合成材料，但是不论采用何种材质均应保持其止滑性。若为综合性球场，一般采用木质弹性地板、合成橡胶或 PU 材质，应避免采用水泥或磨石子面材。羽毛球专用地垫采用PVC 或橡胶类等化学材质，铺设面积必须铺满所规定的赛场区域，也就是说，其涵盖面应包括规定的缓冲区。而羽毛球国际比赛场地必须是木质弹性地板或类似地板，上铺经批准的防滑地胶甚至羽毛球塑胶。

五、场地的气流控制要求

羽毛球场地的通风方式以屋顶抽风为宜，较不影响羽毛球的飞行，若采用百叶窗方式通风，也应考量安装位置与颜色。而正规比赛场地中的所有气流，如空调或其他气流，必须受到严格控制或予以排除。尤其是竞赛场区，不得有风或其他气流。如使用空调，必须特别注意影响。在进出口必须安装双重门（防风门）。竞赛场地区上空的空气流速应不大于 0.2 米 / 秒。

六、场地的布局要求

在一个馆内同时有两块或两块以上场地进行羽毛球比赛时，场地需平行安置，端线朝向主席台，并编号。视线员座椅一般要求设在底线后方，最好有两排座椅的空间。裁判椅应与网高相同，即 1.55 米高度。

第二节　器材

一、球网和网柱

（一）球网

在羽毛球比赛中，使用的球网规格都是完全一样的，长至少 6.1 米，宽 76 厘米，用深色优质的天然或人造纤维细绳制成。网孔应为均匀分布的方形，边长在 15—20 毫米，网的上沿缝有 75 毫米宽的双层白布，将细钢丝绳或尼龙绳从中间穿过，然后牢固地张挂在两根网柱之间。正式比赛时，将从场地地面起，场地中心点处网高 1.524 米，双打边线中心点处网高 1.55 米。球网的两端必须与网柱系紧，不应有缺缝。

另外，羽毛球球网的网绳可以更换，方法是：用一节比较粗的铁丝，大约 30 厘米。把铁丝对折，把绳头放在铁丝对折处，绳头留出 20 厘米，防滑脱。接着在铁丝前端缠上胶布，防止划伤白布，然后就可以开始更换网绳了。穿完将铁丝留下，下次还可用。

（二）网柱

从球场地面起，网柱应高 1.55 米，且必须稳固并同地面垂直，同时使球网保持紧拉状态。无论单打还是双打，网柱都应放置在双打边线上。如不能设置网柱，必须采用其他办法标出边线通过网下的位置。例如，使用细柱或 40 毫米宽的条状物固定在边线上，垂直向上到网顶绳索处。

标准的羽毛球网柱一般由立杆、安全防护罩及底座三部分组成。网柱立杆部分通常采用加厚无缝钢管制作，表面为镀铬或静电喷涂。优质的立杆应为防水耐候且不掉漆的，不论室内外放置均无压力。安全防护罩一般为原生料生产，表面坚硬光滑，漆面光亮，经过防锈处理使用寿命更长久，符合高端场地气质。羽毛球网柱最重要的部分就是底座了。为了适用不同规格的场地，底座也会有不同的重量规格，各生产商在底座的重量方面也会有不同的选择，有的直接用相应重量的钢板铸造，有的则将沙袋等重物放入防护罩以达到重量。

二、羽毛球拍

在羽毛球运动中，球拍是联系球员与球的首要工具，是击球过程中唯一与球体接触的器材，因而球拍的构造及种类会影响球体的飞行路径、速度及落点，进而影响运动成绩的提升。如果能对羽毛球拍有进一步的认知，将有助于击球技术的发挥与提高。

（一）羽毛球拍的规格简介

在羽毛球规则中，羽毛球拍的总长度应不超过 68 厘米，宽不超过 23 厘米。新规则对球拍的重量无特别要求，可根据运动员自身的特点，选择不同重量的球拍。

另外，羽毛球规则指出：整个球拍不允许有附加物和突起部分，也不允许附加任何可能从本质上改变球拍形式的装置。在运动场上，我们有时会看到运动员将球拍用一根纱绳系在自己的手腕上，以防在比赛过程中球拍从手中滑落。对于这种为了防止球拍脱手而将拍柄系在手上的做法，规则是允许的，但尺寸和位置应合理。

（二）羽毛球拍的构成

羽毛球拍从下到上由拍柄、拍杆、连接喉、拍头和拍弦面构成。

拍柄是球员握拍的部位，由连接部和抓握部组成。它关系到球员握拍是否舒服，更关系到球员的水平发挥。

拍杆是球拍中间较细的部位，是连接拍头与拍柄的接合部件。在击球的瞬间，就是拍杆的反弹力将球击出的。

连接喉是连接拍头和拍杆的部件，直接关系到击球中是否会因球员用力过大而使拍头摔离拍框。

拍头是球拍中最主要的部位，是拍弦的支固点，界定了拍弦面的范围。

拍弦面是拍弦按规则编织而成的网，是一个平平的"面"，是击球者通常用于击球的部分。值得一提的是，拍弦面有一个有效击球区称为"甜区"，它的震荡与震动很小，能在接球时给球员带来很舒适的感觉。

（三）羽毛球拍的种类

羽毛球拍有多种分类方法，可以根据羽毛球拍材质的不同划分，也可以根据羽毛球拍外形的不同划分。

1. 基于材质的划分

根据材质的不同，羽毛球拍大致可分为木拍、铁拍、铝铁一体拍、铝合金拍、铝碳拍、铝碳一体拍和全碳素拍等。

（1）木拍。木拍是羽毛球拍最初的形态，但随着羽毛球运动的发展和科技的进步，木拍已基本被其他材质球拍所代替。

（2）铁拍。铁拍的拍框为铁材，拍杆为铁管。铁拍拍体较重，且容易变形，现已少用。

（3）铝合金拍。铝合金拍的拍框为铝合金，拍杆为铁管，拍框和拍杆由

"外三通"连接。这是现今最普及的羽拍，价格较低。

（4）铝铁一体拍。铝铁一体拍主要的结构和铝合金拍相同，但采用"内三通"连接，工艺要求较高。

（5）铝碳拍。铝碳拍的拍框为铝合金，拍杆为碳素纤维，利用"外三通"连接。此材质的球拍重量比较平均，价格也比较适中，涂装较为简单。

（6）铝碳一体拍。铝碳一体拍的拍框为铝合金，拍杆为碳素纤维，采用"内三通"连接。这种球拍拍框一般比较重，涂装一般较为漂亮。

（7）全碳素拍。全碳素拍的拍框和拍杆均为碳素纤维。此类球拍又分为两种结构：一是连接型，即分别做出拍框和拍杆，利用黏合工艺将两部分连接在一起；二是一体成型，这种工艺难度最大，成本也最高。全碳素拍的重量较轻，材料的特性和拍身的结构能令使用者充分发挥自身的技术水平，所以现在绝大多数的专业球员都使用全碳素羽毛球拍。

2. 基于外形的划分

根据外形的不同，羽毛球拍可以分为圆头拍、方头拍、小方头拍和水滴型拍。

（1）圆头拍。圆头拍是以进攻为主的拍子。该球拍的甜区小，击球时要有一定的准确性；由于拍型几乎为椭圆形，因此可以承受较高的拉线磅数，适合进攻型、力量大的人使用。

（2）方头拍。方头拍是以防守为主的拍子。该球拍的甜区大，防守时有较大的击球面积；由于拍型为方型，因此可以承受的拉线磅数不如圆头拍高，适合控球型、擅长防守的人使用。

（3）小方头拍。小方头拍又称攻防两用拍，属于大众普及拍。该球拍拍面、拉线等都介于圆头拍和方头拍之间，适合没有特殊要求的人使用。

（4）水滴型拍。水滴型拍属于异型拍，其形状犹如一滴水滴，市场上不太多见。

（四）羽毛球拍的其他概念介绍

除了要了解羽毛球拍的种类，也有必要对羽毛球拍的甜区、扭力、重量、平衡点等概念有一定的了解。

（1）甜区。羽毛球拍的甜区就是球拍面的最佳击球区。大的甜区是每一位球员都想要的，它能使球员更容易打出好球，使羽毛球运动更有乐趣。决定甜区大小的最关键因素就是球拍的框形。

（2）扭力。羽毛球拍扭力是指当球拍击球时，球拍面产生扭转的幅度大小。球拍的扭力越小，对球的控制性就越好。

（3）重量。羽毛球拍重量的通用标法为 U、2U、3U、4U、5U，数值越大，球拍越轻；数值越小，球拍越重。一般全碳素羽毛球拍的重量大多为 2U（90—94 克）、3U（85—89 克）或 4U（80—84 克），而铝框羽毛球拍的重量一般在 U（95—99 克）以上，也有少数全碳素羽毛球拍的重量低至 80 克以下。

（4）平衡点。如果羽毛球拍的平衡点更靠近拍头，称为"头重"；如果羽毛球拍的平衡点更靠近拍柄，称为"头轻"。一般平衡点是从球拍底部向上量，以厘米和英寸为单位计量。

（五）羽毛球拍的选购

1. 挑选羽毛球拍需要考虑的因素

（1）材质与性能。羽毛球拍根据设计的不同，实际性能是不一样的。千万不要说"不就是用来打羽毛球的吗，有什么不一样"之类的话，因为羽毛球拍的框型、中杆的软硬程度都会影响击球时的发挥。

羽毛球拍材质的选用和拍子的重量、价格有直接的关系。一般来说，全碳素拍的重量最轻，是目前主流的材料。拿到羽毛球拍的时候，要看拍头的形状，拍头的形状决定了甜区的大小。因为当球落在甜区时能给持拍者足够的击球威力和控球性，所以甜区的大小对持拍者来说很重要，它能使持拍者更易打出高质量的球。

拿到球拍之后，还要挥动一下，看看是否震手。震手的球拍一定是拍杆太硬；如果不震手，则说明拍杆较有弹性。也可一手握住拍柄，一手扶住拍头顶端掰一掰，球拍如有微度弯曲，证明拍杆部位较有弹性。还要看一下弦装得是否匀称，交叉弦组成的每个方块都要同样大小，松紧度也要一致。

另外，羽毛球拍的重量要合适，并不是越轻越好。球拍轻，挥动速度虽然快，但是新手在扣球时会感觉用不上劲，会影响击球的力量。

（2）价格。不同价格的球拍在手感上确实存在着一定的差异，在对比使用时，可以明显感觉到。那么，越贵的球拍是不是就越好用呢？这可能也是很多新手常常纠结的问题，其实关键还是要看球员的水平。一般来说，价格越高的球拍，性能越好，特性也越发的明显，但对持拍者的要求也就越高。新手的核心应该放在提升球技上面，结合自身的情况选择一个合适的球拍即可。

（3）参数。每一支球拍上面都会明确标注这支球拍的参数，如重量（准确说应该是质量）、平衡点、中杆软硬度、拉线磅数等。

关于重量（质量），一般来说，拍子越重，使用起来就越吃力，也不够灵活，但惯性大，进攻扣杀的效果很好，适合进攻。拍子越轻，就越灵活，使用起来也不吃力，但在进攻扣杀的时候，力度较小，更适合防守。普通羽毛球爱好者选择 3U 或者 4U 的羽毛球拍即可。

平衡点的高低带来的影响，和质量大小带来的影响一样。平衡点高的球拍适合进攻，平衡点低的球拍适合防守。一般来说，单打可以选择进攻型球拍，双打可以视情况选择防守型球拍。

对于中杆软硬度来说，中杆越软，弹性就越好，力量小的羽毛球运动爱好者就更容易借力，不管是拉高远球，还是网前的平挡抽，都要轻松一些。

但在大力扣杀时，中杆弹性好反而会抵消一部分自身的发力，使击球效果打折。而中杆越硬，弹性越差，对发力的要求也比较高，但扣杀效果好，羽毛球专业运动员的球拍中杆一般都较硬。一般来说，新手或者力量小的持拍者可以选择中杆偏软的球拍，普通爱好者可以选择软硬适中的球拍。

拉线磅数越高，拍面越硬；拉线磅数越低，拍面越软。两者最明显的区别在于，球在拍面的滞留感。磅数越低，滞留感越明显；磅数越高，对持拍者发力的要求也要高一些。一般来说，普通爱好者选择22—26磅就可以，主要根据自己的习惯来调整。

除了以上因素，还要考虑拍柄的粗细、拍框的设计，以及T头等。G3、G4、G5代表手柄的粗细——G3周长89毫米，G4周长86毫米，G5周长83毫米。一般情况下，G4拍柄较为大众所喜爱。而在拍框的设计上，有些球拍为了提高挥拍速度，会使用可以减小风阻的破风式拍框。T头是尤尼克斯（YONEX）羽毛球拍中使用的一个专利技术，即将一个T形的零件装在中杆和拍框结合的位置，用来提高拍体的稳定性和抗扭性能。

（4）品牌和服务。品牌是影响羽毛球拍选择的重要因素，一般每个人都有自己偏爱的品牌。挑选球拍时可以向周围的球友请教，多多考量每个品牌的知名度和美誉度，这样也有质量保障。

即便是顶级的品牌，也无法保障所有的装备都是百分之百没有问题的，所以在选球拍时要考虑可能的售后服务，尽量选择大品牌，避免给自己增添售后麻烦。

（5）性别。如果购买的球拍性能和自己的实际情况不相符，就是对自己的不负责任，因为不合适的羽毛球拍可能会让自己在运动过程中受伤。尤其是女性初学者，在选择羽毛球拍时不能只考虑球拍的颜值，也就是涂装好不好看，而要考虑到女性的力量和打法，选择合适的羽毛球拍。

另外，还要根据每个人手形的大小挑选拍柄，以握住拍柄感觉舒适为宜。

手大的人，尤其是男性，握较细或呈正方形的拍柄会有不舒适感。

（6）款式。根据自己喜欢的颜色、水标的图案等来选择自己喜欢的球拍，如果能买到一个喜欢的款式，可以增加对羽毛球运动的热爱。目前，市面上的全碳素球拍的外观设计都比较亮丽。

（7）做工。首先查看球拍的丝印和涂装，好的球拍一般比较精致、不会掉色，差的球拍有时候会有沙粒凸显，而且容易掉色。其次查看握拍胶有没有破损，以及穿线孔胶粒是否缺少、破损。最后查看拍框有没有裂纹、气孔等。

2. 可供初学者选择的羽毛球拍

市场上适合新手使用的比较不错的球拍（价格递增）如下。

（1）威克多挑战者 CHA-9500：非常经典的一支球拍，被很多人称为"入门级神拍"。

（2）威克多 TK-HMRL：相比于威克多挑战者 CHA-9500，威克多 TK-HMRL 更轻、中杆更软，头重感明显，不管是打高远球，还是处理网前球，表现都不错，是力量小或者初学者的优选球拍之一。

（3）凯胜 TSF100Ti：单从平衡点来看，这是一支均衡型的球拍。这款球拍加上了破风的设计，挥拍速度有一定的优势，在实际使用中，不管是打高远球还是网前扑杀，表现都很不错。总体上来说，这款球拍更加适合力量不足的初学者。

（4）李宁 WS72：这款球拍的质量只有 72 克，非常轻便，平衡点也比较高，中杆弹性较好，是目前比较流行的超轻进攻型球拍。它既保持了球拍的超轻，又兼顾了快速的进攻点杀，适合喜欢轻量打感的初学者使用。

（5）尤尼克斯 ARC-11：这款球拍被称作尤尼克斯最容易上手的高端拍，是一款性能非常均衡的球拍，进可攻、退可守，各方面的表现都不错，适合各种打法的羽毛球爱好者。

（六）羽毛球拍的保养

羽毛球拍是羽毛球运动中的一项重要投入。与电动汽车的动力电池组需要经常保养一样，羽毛球拍也需要保养，这样才能延长生命周期。

1. 避免碰撞

现在大多数球拍是碳素球拍，然而碳素球拍材质较脆，所以一定要尽量避免碰撞。特别是双打过程中同伴之间的球拍很容易碰撞，有时候碰撞之后虽然从外表看不出损伤，但是球拍内部很可能已有隐性的损伤，就容易在日后的某一次冲击下断裂。

2. 检查拍线

羽毛球拍要注意经常检查拍线，如有严重起毛现象或裂痕则要及时更换，不要等拍线断了才更换。如果拍线断了，最好马上把所有方向的拍线都剪断，以免球拍的拍框受力不均而变形。但是拍线不要立即抽出来，以防止扣眼上的塑料丢失。

3. 重视穿线

千万不要小看穿线技术，要找一些穿线讲究的店铺去穿线。穿线技术好，对球拍的寿命有益，使用起来的感觉也会非常舒适。拉线时，一穿到底的方法最常见，叫两点穿线法。尤尼克斯用的是四点穿线法——有 4 个结，横竖分开穿，先拉竖线，从球拍顶部中间拉起。注意，穿线时不用钩子，线的寿命更长，而且不容易掉磅和走线。另外，横线拍压要比竖线高 10%，一般是两磅。拉线磅数最好不要超过球拍上标明推荐磅数的 1.2 倍，否则容易损伤球拍。

4. 调整击球技巧

要调整击球的技巧，尽量使每个球都击打在球拍的甜区里。如果球打在拍框上，再加上挥拍的力量大，球拍很容易被打断。

5. 勤换手胶

手胶是羽球拍中更换频率最高的消耗品，特别是手爱出汗的朋友，建议一个月到两个月就更换一次吸汗带。另外，每次打完球后，最好把球拍拿出来放到通风处让把皮自然干。及时更换手胶不但可以保持握拍时的正确手感，还可以防止球拍滑落导致碰伤。

6. 小心存放

球拍不能放在高温、潮湿的地方，要防止球拍过热或者过冷。球拍过热容易变形，过冷会由于太脆而破裂。比如，天气热的时候不要长时间放在汽车的后备厢里，冬天不要放在暖气片上，也不要在气温很低的室外打球。另外，不用的羽毛球拍可以平放在地面上或者直立放到地上，千万不要长时间斜着放，这样会影响拍杆的垂直性，如果能悬挂是最好的。最重要的是，要保证闲置的球拍不要受到外力挤压而变形。

7. 闲时剪线

一般超过半个月不使用的羽毛球拍，最好对拍线进行剪断处理，主要是因为长时间的放置可能导致拍框微量变形，对球拍的耐用性会产生一定的影响。另外，超过半个月不用的球拍拍线可能会掉磅数，手感会受到影响，所以最好断线放置，等再用的时候重新穿线即可。

最后提醒一下，无论什么时候都要珍爱球拍，有感情才能打好球，这才是羽毛球拍保养的最好办法。

三、羽毛球

（一）羽毛球的结构

羽毛球由球头、毛梗和毛叶三部分组成（如图2-1所示）。球头也就是球托，是羽毛球最底下的底座部分；毛梗也叫球裙，指的是羽毛球中间的那一部分，也就是连接毛叶和球头的部分；毛叶也叫球翼，就是羽毛球最上面的那部分羽毛。

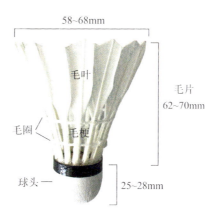

图 2-1 羽毛球的球头、毛梗和毛叶

其中毛叶和毛梗合称为毛片，二者是天然一体的。据此，羽毛球的整个结构其实可以看作由毛片和球头两部分构成。

羽毛球应有 16 根羽毛（个别的也有 12 根或 14 根）固定在球托部分。羽毛长 62~70 毫米，羽毛顶端围成圆形，直径为 58~68 毫米。

羽毛的材料分别有鹅毛、鹦鹆鸭毛、水鸭毛和豚鸭毛。鹅毛的韧性更好，比鸭毛耐打，尤其在冬天，因为鹅毛的生长周期是 100 天左右，而鸭毛大多是 50 天左右。球毛的分类非常复杂，由于目前还没有国家统一制定的分类编号标准，因此各个生产厂家生产的羽毛球标号都是自定的，不同生产厂家同样标号的产品并不能表示它们的品质是一样的。

在我国，因市场需求，羽毛球生产量逐年递增。最初的羽毛球球头是用软木制作的，而这种材料需要从国外进口，容易供不应求。为了最大可能地保证质量与数量，我国对最初的木质材料进行了改进。

羽毛球的制作在工艺方面有着严格的要求，每只羽毛球上采用的羽毛必须是同一类，且外部轮廓形状应尽量相似。相对而言，越是高档的产品采用

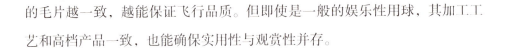

的毛片越一致，越能保证飞行品质。但即使是一般的娱乐性用球，其加工工艺和高档产品一致，也能确保实用性与观赏性并存。

（二）羽毛球的选购

羽毛球质量的好坏对球技的发挥有很大影响，如球的飞行轨迹、飞行速度等都与球的质量有关。那么怎样挑选合适的羽毛球呢？主要可以从以下几个方面进行判断。

1. 耐打性

每一个羽毛球都是一项投入，在不影响球技发挥的情况下，降低换球的频率非常重要，所以耐打性是我们必须要考虑的因素。

2. 飞行稳定性

球的打感很重要，很差的球不仅不耐打，而且飞起来会晃，飞行路线也不稳定。

3. 飞行速度

羽毛球是分速度的，因为不同地区的空气阻力会因海拔高度、温湿度的变化而不同，所以每个地区有着不同的球速要求。正常球速分为74速、75速、76速、77速、78速、79速。选择正确的球速非常重要，过慢的球速会导致击球落点不到位及用力过猛拉伤肌肉，过快的球速则会导致出底线。

4. 价位选择

事实上，选购羽毛球主要是从羽毛球的耐打性和飞行稳定性两方面来考虑，但因为毛片选材的困难，一个羽毛球要同时兼顾这两点是很难的，即使一两百块钱的比赛级羽毛球也很难做到飞行稳定又极其耐打。所以，我们一般要综合考虑自己的经济能力和竞技水平。羽毛球毕竟是消耗品，买太贵的和一味追求极致手感的，并不是每个人都能承受得起的。

（三）羽毛球的保养

关于羽毛球的保养，主要从提高其耐打性上进行介绍。羽毛球的羽毛原材料主要有鹅毛、鸭毛两种，但是鸭毛耐打性没有鹅毛强，羽毛比较薄，脆性大，所以毛片容易断。但在干燥的环境里，鹅毛球也会很脆，而通过蒸球的方法增加羽毛的湿度，可以增强羽毛的耐打性。

1. 热蒸汽蒸球

由于南北方湿度有较大差异，对羽毛球的处理方式也要因地制宜。我国南方空气的相对湿度均在 75% 以上，所以不必用蒸汽来蒸羽毛，因为用蒸汽蒸后，球会增加一定的重量，使飞行速度变快。而在北方，特别是冬季，可以用蒸汽蒸的方法来提高羽毛的使用寿命。由于北方天气比较寒冷，空气密度也相对大一些，所以即使羽毛球增加了一些重量，但由于空气阻力，球飞行速度的改变也不会太大。

目前，市面上有贩售羽毛球专用的蒸球机。从能提升羽毛球寿命、减少损耗量的角度来看，其价格并不算昂贵。但没有蒸球机也没关系，还有其他替代方法同样可以达到热蒸汽蒸球的效果。

第一步：准备烧水壶或保温杯、有盖的球筒、隔天要打的羽毛球。

第二步：在蒸球之前，请先区分羽毛球筒上下两个出口，看见球头的那一边为出球口，另一边则为入球口（如图 2-2 所示）。

出球口　　　　　　入球口

图 2-2　羽毛球筒的出球口和入球口

第三步：将准备要打的羽毛球按照同一方向装在球筒里（请选用内壁有铝箔纸的球筒）。

第四步：用烧水壶或者保温杯装满刚烧开的热水。

第五步：打开羽毛球筒的前后盖，将入球口移至盛满热水的烧水壶或保温杯上方，让热气涌入其中。从出球口处感受到热气冒出后，即可平行移开球筒，并迅速用盖子封住出球口和入球口，避免蒸汽跑掉。

第六步：以"头上羽下"的方式静置12小时，即大功告成。

注意，每次蒸球时间不宜太长，以免损坏球头软木，蒸汽从出球口冒出时即可封口；温湿的季节不需要蒸球，以免球身太重，飞行太快；蒸过的球最好尽快用完，也就是只蒸隔天打球会用到的数量就好；拿来蒸球的烧水壶、保温杯中的水，建议不要再用于饮食、饮水。

2. 蒸球的其他方法

除了热蒸汽法，蒸球还有加湿器法、浴室静置法、湿物静置法、乳液稀释喷洒法等。

（1）加湿器法。加湿器法以保持球的湿度为主，通常可以用到的就是家用加湿器。具体方法就是，把加湿器湿度开到最大，放置在出球口，经过几十秒的加湿，再盖上球筒盖放置即可。与热蒸汽法比较，加湿器法能够把水雾化成细小的雾滴，从而达到更好的效果。需要注意的是，采用加湿器法时，需要让每个羽毛球轮换加湿，以避免最底部的球湿度过大，而顶部球无法更好加湿。应保证每个球充分加湿后，再取下球桶，两端盖好。

（2）浴室静置法。浴室静置法的原理同加湿器蒸球一样。具体方法就是，在冬季洗澡时顺便把球筒带入浴室，打开两端球盖，用洗澡时产生的水蒸气蒸球。用此方法蒸球一般需要提前一天进行，然后盖好球筒盖，便于第二天使用。

（3）湿物静置法。湿物静置法是蒸球最简单的方法。具体就是，打球的前一天，在球筒进球口放置一张湿巾纸或者用水浸湿的纸张，静置即可。但注意，静置一段时间后，出球口、进球口盖子需要互换，应合理利用出球口凹陷的球盖，以便羽毛球都可以被加湿。这种方法操作简便，加湿的球飞行影响也较小。

（4）乳液稀释喷洒法。这种方法就是，在打球的前一天采用有铝箔的球筒，先把球取出，空筒的两端各喷一下用保湿乳液加入清水稀释的液体，然后放入球，盖好盖子静置，第二天即可用使。要根据干湿程度，决定喷洒次数。

上面的各种加湿方法，都是需要在打球前准备的。在球场上也有一个加湿方法，就是在拿到新球时用嘴哈气，用哈出来的空气给球加湿，这个方法也有一定的效果。

第三节　装备

一、服装

一般情况下，打羽毛球多在室内，几乎没有风，且运动强度大，会出汗较多，所以最好不要选择纯棉材质的球衣。因为纯棉材质的衣服虽然吸汗，但是汗液不容易蒸发，随着汗液的吸收，衣服会越来越重，到最后甚至会贴在身上。

另外，羽毛球运动的动作幅度比较大，所穿的服装不能太紧，否则会影响肢体的伸展，进而对技术动作的发挥造成一定的影响。所以，我们应选择穿着舒适、排汗透气的球衣，通常球衣大小应以略宽松些为宜，但是也不要太宽松，否则会适得其反，对技术动作造成障碍。

二、鞋

打羽毛球时动作幅度较大，往往需要急停急转，所以对鞋的要求较高，穿不合适的鞋打球容易受伤，也会影响技术动作的发挥。而且，羽毛球的场地多为木质地板和 PVC 地板，表面都比较光滑，因此对于羽毛球鞋的选择，主要考虑其防滑性和减震性。

（一）防滑性

羽毛球鞋的防滑性是首要考虑的因素。目前，专业的羽毛球鞋鞋底都为生胶或牛筋质地，防滑性较好。除了专业的羽毛球鞋外，也可以选择普通的运动鞋，但要注意鞋底的防滑性是否良好。

（二）减震性

羽毛球鞋还应具有减震功能。减震设计一般位于鞋子的足跟部位，这主要是考虑到羽毛球运动的技术特点。因为在羽毛球运动中，打球者会不停起跳、落地，足跟部会更多地承受落地时的冲击，如果鞋底起不到缓冲作用，便容易受伤。

其实，现在很多运动鞋都具备以上特点，我们在选择和穿用时主要注意以下几点便可：一是新鞋要穿着合脚，最好鞋号稍大一点儿，这样脚可以有充分的缓冲空间，既有助于发挥，又可以减少受伤的概率；二是鞋帮的手感要软，面料要吸汗、透气；三是专鞋专用，避免鞋底粘灰变滑，影响鞋子的使用寿命。

三、护具

羽毛球运动虽然肢体接触比较少，但是打球者要跑动、弹跳、击球，稍有不慎就会扭伤、拉伤等。所以，选择一套专业的羽毛球运动护具，能有效地保护打球者。但是，一味地依赖护具的保护作用是不可取的，防护和预防相结合才能真正避免受伤。

羽毛球运动的护具一般包括护腕、护肘、护膝、护腿、护踝等，多由毛巾面料内缝强力橡筋制成，选择时应以戴上后不会太紧、戴久不会刺激皮肤为佳。

四、吸汗带

吸汗带，也叫手胶，通常裹在羽毛球拍拍柄的最外一层，有吸汗、防滑的作用，可使握拍感、打球体验更佳。不同的吸汗带特点也不一样，较薄的吸汗带一般是黏性的，强调的是手感，但是耐用性稍差；较厚的吸汗带一般是干性的，吸汗效果良好，而且比较耐用。

随着使用时间的增加，吸汗带的吸汗、防滑效果会变得越来越差，也会滋生一些细菌，所以我们应该定期更换，以保持握拍时的手感，同时防止球拍脱手而发生意外。

第三章　热身运动与拉伸运动

第一节　运动前的热身运动

羽毛球运动是一项高强度运动，需要身体各个部位的配合。在运动之前进行热身，不仅可以增加肌肉收缩时的力量和速度，改善各组织肌肉的协调能力，使自己的身体状态调节到最佳，而且可以预防打球过程中出现运动损伤。特别是在寒冷的冬天，运动前的热身运动尤为重要，可以避免因肌肉、韧带僵硬而致伤。热身运动的量与时间要控制好，不必太过剧烈，以身体觉得发热、微微出汗为最佳，一般10—15分钟即可。

一、颈部、肩部热身运动

（一）颈部热身运动

身体自然站立，先向下低头，下颌部靠近胸骨，直至后颈处的肌肉有拉伸感；再向后仰头，感到脖子下面的肌肉伸展到最大。之后，分别向左右两个方向侧歪头，让对侧脖子上的肌肉有拉伸感；再分别以顺时针和逆时针方向旋转头部，旋转一圈后回到起始位置。颈部热身运动可以拉伸并放松颈部肌肉，使头部转动更灵活，预防运动损伤。

（二）肩部热身运动

自然站立，两脚稍稍分开与肩同宽，左右手指自然收拢，之后，分别放在两侧肩膀处，然后以肩关节为轴心顺时针旋转，如此重复几次之后，再逆时针旋转。也可以左臂伸直，右臂弯曲夹住左臂，上身分别向左右两个方向转动；右臂以同样的方法运动。

二、上肢、腰部热身运动

（一）手腕、脚踝热身运动

1. 手腕热身运动

自然站立，双手放松，十指交叉，做波浪状传递。也可以用击球手握住球拍，做正手、反手挑球动作，或者绕"8"字。注意动作要轻，幅度不要太大，频率可以逐渐加快。

2. 脚踝热身运动

自然站立，十指交叉，左腿绷直，右脚脚尖点地，顺时针转动右脚踝，同时两只手也跟着转动；左脚踝以同样的方法运动。

（二）手臂绕环运动

自然站立，两只胳膊自然下垂，手心贴在腿的外侧，分别以顺时针和逆时针两个方向摆动手臂，旋转一圈之后，回到起始位置。

（三）扩胸运动

自然站立，双脚分开与肩同宽，抬起双臂与肩同高，与地面平行；两臂屈手肘，同时向后振动，或者双臂伸展，张开向后振动。

（四）体转运动

自然站立，双脚分开与肩同宽，两只手臂弯曲并抬起，与肩膀齐平，先向左后方转体；重复以上动作，向右做体转运动。

（五）腰部运动

自然站立，双手叉腰，目视前方，分别向左右两边侧弯腰，直到对侧腰部的肌肉有拉伸感。或者两臂自然下垂，腰部弯曲，分别以顺时针和逆时针方向画圈旋转上身，旋转一圈之后，回到起始位置。

（六）站立前屈运动

双腿绷直，上半身朝前向下弯曲，尽可能使双手贴近地面；如果身体柔韧性较好，做这个动作时可以双脚并拢。做这个动作时，应注意膝盖不能弯曲，否则拉伸会不充分。

三、下肢热身运动

（一）膝关节环绕运动

两腿自然开立，双手扶在膝盖上，头向下，顺时针扭动膝部，做一个八拍环绕之后，再逆时针扭动膝部，做一个八拍环绕。

（二）弓步压腿

双腿前后分开，左腿屈膝在前，右腿绷直在后，呈左弓步状。双手放在左腿膝盖上，开始向下多次适度压腿。同时，身体保持正直，不要来回晃动。做完一组以上动作之后，换右腿屈膝在前，左腿绷直在后，重复同样的动作。做弓步压腿动作时，注意膝盖要位于脚部正上方，且与脚尖方向保持一致。

（三）侧压腿

身体下蹲，左腿屈膝，右腿向右侧伸直。双手分别扶在双腿的膝关节处，右腿适度下压，直至大腿内侧有一定程度的拉伸感。保持这个姿势，并持续一段时间。做完一组以上动作之后，换成右腿屈膝，左腿向左侧伸直，重复同样的动作。做侧压腿动作时，注意下压力度不要太大，让腿部有适度的拉伸感即可。

第二节　运动后的拉伸运动

在羽毛球运动中，除了要注意运动前的热身，也不要忽略运动后的拉伸和放松。运动时，人的肌肉会处于紧绷状态，如果运动后不及时放松，时间久了，肌肉会变得很僵硬，缺少弹性。运动后的拉伸与放松能让身体从运动到停止运动之间有一个缓冲、整理的过程，从而缓解肌肉和关节的酸痛感，促进肌肉疲劳的恢复，减少再次运动时由于肌肉没有恢复而造成的伤害。

一、上肢拉伸运动

（一）双臂向上、向后拉伸

双手手指在头顶交叉互握，掌心朝上，双臂向上、向后伸展，并保持姿势 15 秒。

（二）手肘向上、向内拉伸

将右臂举过头顶，向上伸直，然后前臂向脑后弯曲，抬起左手，将右手肘轻轻向上、向内拉动，直至感到右臂后部有拉力；换另一侧手臂重复此动作。

二、腰部拉伸运动

（一）坐姿转体拉伸腰部

身体坐直，两腿在身前伸直，然后弯曲右膝盖将右腿跨到左侧，使右脚在左侧腿的外侧，平放在地板上。右手放在身后支撑身体，用左臂外侧向身体内侧用力压右腿，同时身体向右转；换另外一侧重复此动作。每侧坚持 20 秒，做两组。这个动作对于腰部外侧的拉伸有很好的效果。

（二）坐姿两腿打开拉伸腰部

坐在地板上，双腿打开、伸直，膝盖不要弯曲，身体向前倾斜，双手沿着双腿向前伸展。坚持 15 秒，适当休息后，重复 3 次。

三、下肢拉伸运动

（一）坐姿脚底并拢拉伸大腿

保持坐姿，屈膝将两脚掌相对并靠近身体，双手握紧脚掌确保它们紧紧相对。两手握住脚踝，手肘放在大腿上，施压力量将大腿缓缓地往下推，直到大腿肌肉感到紧绷为止。维持这个姿势 10 秒钟，然后回到起始位置。

（二）坐姿双腿并拢向前拉伸

保持坐姿，双腿同时放在地上，双脚前伸，双手尽量往最远处摸。做这个动作时，要注意用下背部弯曲，而不是上背部，这会让你感觉到双腿后侧的拉伸。

第四章　羽毛球运动的基本功练习方法

第一节　羽毛球运动的专业术语及解释

不论是参加羽毛球运动，还是观看羽毛球比赛，了解羽毛球运动的相关专业术语都是十分必要的。了解羽毛球运动的专业术语后，可以加深对羽毛球运动的理解，从而提升自身水平。

羽毛球运动的专业术语可分为场地用语、击球技术名称和规则用语这三大类。

一、场地用语

1. 前场

前发球线附近至球网区域。

2. 后场

从端线至场内约 1 米处。

3. 中场

前、后场区之间的区域。

4. 左、右场区

以场地的中线为界，分为左、右两个场区。

5. 端线

场地两端长 6.10 米（双打)/5.18 米（单打）、宽 40 毫米的白线称为端线。

6. 中线

场地正中与边线平行的宽 40 毫米的白线称为中线。

7. 边线

场地两侧长 13.40 米、宽 40 毫米的白线称为边线。

二、击球技术名称

（一）以击球点在击球者身体位置的方向区分

1. 正手（正拍）

用持拍手掌心一边的拍面击球称为正手（正拍）。一般用来击打持拍手身体同侧的球。

2. 反手（反拍）

用持拍手手背一边的拍面击球称为反手（反拍）。一般用来击打持拍手身体异侧的球。

3. 上手球

击球时，击球点在击球者肩部以上的，称为上手球。

4. 下手球

击球时，击球点在击球者肩部以下的，称为下手球。

5. 头顶球

击球者用正拍拍面击打反手区肩部上方的来球（上手球），称为头顶球。

（二）以球的飞行弧线和落点区分

1. 高球

从场地一边的后场，将球以较高的弧度还击到对方后场的一种击球技术。

2. 平高球

从场地一边的后场，以刚好不让对方中途拦截到的弧线高度，把球击到对方后场的一种击球技术。

3. 吊球

从场地的后场，将球以向前下方飞行的弧线，还击到对方近网区域的一种技术方法。吊球是调动对手、打乱对手阵脚、配合战术的一种击球技术。

4. 杀球

站在中场或后场的位置争取较高的击球点，然后利用球拍正拍面全力将球由高点处向对手场区快速扣压的一种击球技术。这种球的力量大、速度快，主要包括正手杀球、反手杀球和绕头杀球三种技术。

5. 平抽球

击球点在击球者身体的两侧，击出的球以与地面平行或稍向下的弧线飞向对方场区的一种击球技术。

6. 平挡球

与平抽球相似，只是击球动作幅度较小，是借对方来球的力量还击到对方近网区域的一种击球技术。

7. 推球

用球拍正面快速击打球托，从而让羽毛球平射到对手后场的一种击球技术。一般是与网前假动作相配合，在引诱对手上网时，突然将球快速推到对方后场底角。

8. 扑球

在近网高于球网高度的位置，将来球向前下方快速击到对方场区的一种击球技术。当对手发网前球或回击网前球、球越过网顶、且弧度较高时，即可迅速上步在网前举拍扑杀。

9. 搓球

利用球拍切削击打球托的侧面，从而让羽毛球旋转翻滚过网的一种网前技术。击球点大致与肩同高，利用"搓""切""挑"的动作，摩擦球托底部，使球改变在空中的正常运行轨道，产生沿横轴翻滚或纵轴旋转而越过网顶。

10. 挑高球

把对手击来的吊球或网前球挑高，然后回击到对手后场去的一种击球技术。这通常是在比较被动的情况下采取的一项防守性技术。

11. 勾对角球

在网前或接杀球时，将来球斜线还击到对方另一侧网前的一种击球技术。

三、规则用语

1. 运动员

参加羽毛球比赛的人。

2. 一场比赛

由双方各一名或两名运动员进行的比赛，是羽毛球比赛决定胜负的基本单位。

3. 局数

除非另有规定，每场比赛以三局两胜决定胜负。

4. 比分规则

羽毛球比赛实行 21 分的比赛规则，所有单项的每局获胜分皆为 21 分，最高不超过 30 分。如果双方比分为 20 比 20，超过对手 2 分的一方才算取胜；如果双方比分为 29 比 29，先得到 30 分的一方获胜。

5. 单打

双方各一名运动员进行的比赛。

6. 双打

双方各两名运动员进行的比赛。

7. 发球方

有发球权的一方。

8. 接发球方

发球方的对方。

9. 回合

从开始发球至"死球"前的一次或多次连续对击。

10. 一击

运动员试图一击的一次挥拍动作。

11. 换发球

当一方失去发球权时，即换发球。单打中，两方球员交替发球。双打中，首先发球员失去发球权后，由该局首先接发球员的同伴发球，然后由首先发球员的同伴发球，接着是首先接发球员，再接着是首先发球员，如此传递发球权。

12. 发球不超过 1.15 米

从 2018 年开始，发球线从原来的不过腰，被严格规定为不能超过 1.15 米。这一规则主要是不让发球者在高击球点把球平击过去，造成对接发球方的威胁。

13. 触网

在比赛进行的过程中，运动员的球拍、身体或衣服触及球网或球的支撑物，称为触网。

14. 界内

在比赛中，羽毛球的落点位于边线以内或压线，均算界内。

15. 界外

在比赛中，羽毛球的落点位于边线以外且完全与边线没有擦过，为界外。

16. 死球

球撞网或网柱后，开始向击球者网这一方的地面下落，球触及地面，已宣报违例或重发球，以上情况均称死球。死球意味着一方得分或者重新发球。

17. 连击

运动员在击球时两次挥拍连续击球两次，或同队两名队员连续各击球一次，称为连击。

18. 持球

击球时，球停滞在球拍上，紧接着又有拖带动作，称为持球。

19. 过网击球

球拍与球的接触点不在击球者一方，称为过网击球。

20. 站错位

自发球开始至发球结束，发球者和接发球者都必须站在斜对角的发球区界线以内，脚不得触及发球区和接发球区的界线，否则将判站错位。

21. 交换场区

第一局比赛结束时，双方应交换场区。若局数为1:1时，在第三局比赛开始前，双方应交换场区。在第三局比赛中，一方得分达到11分时，双方应交换场区。若应交换场区而未交换时，一经发现，应在死球后立即交换，已得分数有效。

22. 裁判长

裁判长是整个赛事技术执行的第一责任人，对比赛全面负责。

23. 裁判员

裁判员是主持一场比赛并管理该场比赛场地及其紧邻区域的技术官员，对裁判长负责。

24. 发球裁判员

发球裁判员是负责宣判发球员是否存在发球违例的技术官员。

25. 司线员

司线员是负责宣判球在其分管线的落点是"界内"或"界外"的技术官员。

第二节　羽毛球运动的球感练习方法

羽毛球运动中的球感，是球员在长期羽毛球运动的实践中形成的对羽毛球、球拍，尤其是对持拍手臂肌肉用力击球时的精细分化的感知和控制能力。感知，是指我们看到飞过来的球或者听到对手击球声音时做出的反应。控制，是指对击球点的捕捉、击球拍面的角度变化、触球的力度变化以及对击球方式的选择。球感看不见、摸不着，只有多练习，才可以提高。我们通过球拍颠球、捡球、接球、对墙击球和双人相对击球等练习，可以在加强基础动作规范性的同时，逐步熟悉和提高球感。

一、颠球练习法

初学羽毛球可从颠球练习开始。颠球练习可以提高球感和实战中的前场球的质量，而且这种练习不受场地限制，可以随时随地练习，简单易行。

（一）握拍方法

做颠球练习前，首先要学习怎么握拍。握拍前，先用未持拍手拿着拍柄，让拍框立起来，与地面成90°，再将持拍手（正手，或者称为主手）的虎口对着立起来的拍框，大拇指和食指内侧紧贴球拍的宽面，球柄底部紧贴小鱼际。接着，中指、无名指、小拇指依次握住球柄。

握好球拍后，要检查一下虎口是否和拍框在一条直线上；手臂是否自然下垂；食指与中指之间有没有缝隙，但注意不要满把攥；掌心是否空出，但最关键的是握拍要放松。

（二）正反手颠球练习

颠球练习可以分为正手颠球和反手颠球，此处以右手持拍为例。

1. 正手颠球

正手颠球的动作要领是：首先，摆好准备姿势——右脚在前、左脚在后，在击球时左脚蹬地、右脚向前，产生一个向前的力带动身体探出。接着，右手向前方伸出，小臂做外旋动作，球拍的拍头向右、向下做回环动作，手腕同时展开。在击球时，小臂做内旋动作，手腕同时做内旋并发力击球（如图4-1所示）。

图 4-1　正手颠球练习

正手颠球的练习方法有：①正手小力量颠球训练。做这项训练时，需要先将关注点放在握拍的动作上面，减少发力，用小力量击球。②正手中等力量颠球训练。这项训练是在已经掌握了正手握拍及发力的基础上做出的加强性训练，即开始逐渐加大颠球的力量，并持续练习，使正手颠球的动作更加熟练。③正手小力量、中等力量交替颠球训练。在不断练习中，这项训练可以使正手握拍及颠球的动作更加熟练，同时加强击球力量变化和握拍控制力。

2. 反手颠球

反手颠球和正手颠球的站姿是一样的，不同的是反手颠球时小臂做内旋动作，球拍的拍头向左、向下做回环动作，手肘向前送出，小臂自然地摆向左下。而在击球时，以手肘为轴，小臂做外旋动作，手腕同时做外旋向前送出，并发力击球（如图4-2所示）。

图 4-2　反手颠球练习

反手颠球的练习方法有：①反手小力量颠球训练。把关注点放在反手握拍的动作上面，在尽可能减少发力的情况下做击球动作。②反手中等力量颠球训练。需要在掌握了反手握拍及发力的基础上，做出加强性训练，逐步加大反手颠球的力量，使反手颠球的动作更加熟练。③反手小力量、中等力量交替颠球训练。这项训练会使反手颠球的动作更加熟练，同时会加强击球力量变化和握拍控制力。

在正手颠球和反手颠球的技术达到一定的水准之后，可以尝试做正、反手交替颠球的练习，即正、反手握拍交替转换，并进行正手颠球和反手颠球的动作。反复的练习会使握拍的动作更加熟练，以至每次的握拍、颠球转换会更加自然。

（三）颠球练习的四个阶段

颠球练习应该依次遵循以下四个阶段。

第一阶段：进行颠高球训练。要保证每一次练习的颠球次数达 50 次及以上。

第二阶段：进行颠球高度降低训练。在练习时，要让每次颠球的高度基本保持一致，不要有太大的差值，保证颠球次数在 50 次及以上。

第三阶段：在进行颠球训练时，脚步尽量少移动，用球拍的拍面将球控制在小范围内，并使颠球次数达到 50 次及以上。

第四阶段：加入搓球的训练，也可以简单地加些花样，如颠球的同时来回走动、过障碍物、做蹲起动作等。

千万不要小看颠球动作的训练，事实上，只有不断地在这些训练中精益求精，最后综合起来才能达到个人在羽毛球运动中整体实力的提高。

二、球拍捡球练习法

（一）球拍捡球技巧

用球拍捡球，其实并没有多么复杂，其中有一些小技巧。

（1）正手握拍（以右手持拍为例），羽毛球落在地上时从上往下看呈"V"字形，站在正对这个"V"字顶点（球头）的位置，以便于下一步动作的执行。

（2）用球拍的一边靠上"V"字的一边，可以挨着，也可以保持一点儿距离，切记不要让球滚动，否则要重新调整位置。

（3）捡球时，让拍面和地面大约呈90°，同时稍微弯下腰，做好下一步的准备。

（4）用手指捻动拍柄，使拍子转动，此时拍头要去抄球托的侧面，然后小臂顺势向左上侧移动，把球抄起。

（5）继续旋转球拍，左侧拍面上扬，以缓冲捡球时的冲击力，防止球下落。在做旋转球拍的动作时，只要球被抄起来了，就要边旋转拍面阻止球向左运动边把身体挺直。

（二）注意事项

做球拍捡球练习时，刚开始难免会经历多次失败，要多加练习才能成功，同时要注意以下问题。

（1）捡球时动作要放松，动作僵硬很难完成球拍捡球。

（2）捡球的瞬间动作要快，要快速地抄起来。

（3）要练习到无论球头朝哪个方向，都能捡起来。

（4）若用反手捡球，捡球的瞬间也需要快。

三、接球练习法

接球练习可以自抛自接，也可以两人同练。自抛自接的练习方法为自己用手或者球拍把球抛向空中。一开始的时候不要把球抛得太高，待球落下时，可以做一个类似画圈的动作去接球，然后慢慢地把球打高、再接。自抛自接练习的诀窍是：接球的时候，要举拍去迎接球，让拍子和球保持同速，然后圆润地接近球，把力给卸掉，让球稳稳地落在拍子上。

两人同练接球时，一方击球，一方停球。球停好后，再把球击回给对方，对方练习停球。刚开始练习时，可以在第一时间把球停住；熟练后，可以在高点模拟接球动作，不要实际停球，球拍随球的飞行轨迹同步移动，在第二点或者第三点把球停住。通过这样的练习，可以更准确地找到击球点，还可以做到在不同的击球点击球，这也属于一种假动作练习，比赛中使用假动作可以打乱对手的节奏。

四、对墙击球法

对墙击球练习可以训练手指、手腕的发力，同时能提高反应速度，增强实战时的控球能力。随着对墙击球练习熟练度的提升，打球者可以更好地把握击球点，提高击球效率，做到在出手瞬间就能知道球的速度、方向、弧线和落点。

（一）对墙击球练习的方法

对墙击球练习的方法可分为以下四步，此处以右手持拍为例。

第一步：站在离墙 2 米左右的地方，非持拍手抬起来，双脚的脚尖着地，像蹬自行车一样交换重心以保持快速的启动能力（如图 4-3 所示）。对墙击球时，先不要管球是否够过网的高度，只要球能弹回来即可。在保持正确的接球姿势上，连续练习 100 个对墙击球，击球时可尝试五慢加一快的击球频率。

图 4-3　对墙击球练习的准备动作

　　第二步：练习正、反手握拍的转换（如图 4-4 所示）。用正确的正、反手握拍姿势各打 10 个球再互换，一定要注意握拍姿势和握拍转换的速度及正确性。有一定的基础后，可以随便打几个便换一次。

ⓐ　正手握拍　　　　　　　　　　　　ⓑ　反手握拍

图 4-4　正、反手握拍对墙击球

　　第三步：练习使用甜区击球和手腕发力控制。在练习过程中，要感觉击球的瞬间是否是手腕发力，以及确定击球点是否在球拍的甜区。球拍的甜区大致如图 4-5 所示。

图 4-5　羽毛球拍的甜区

第四步：加快对墙击球的速度，尽量压低球的线路，保证每一个击球都要过网，但过网高度不超过 20 厘米。另外，可以尝试由五慢加一快的击球频率过渡到五快加一慢的击球频率。

（二）对墙击球练习的注意事项

对墙击球练习需要注意以下事项。

第一，启动步。对墙击球练习时要有启动步，没有启动步是错误的。事实上，在羽毛球运动中，启动步是无处不在的（启动步介绍见本章第四节）。

第二，击球点靠前（如图 4-6 所示）。如果球拍在身体周围击球，击球点会太靠后，这是错误的。球拍应该离开身体、在身前击球，击球点靠前，才是正确的。

图 4-6　对墙击球时击球点要靠前

第三，重心要放低（如图 4-7 所示）。对墙击球时，要把整个身体作为一个整体，全神贯注，放低重心移动。

图 4-7　对墙击球时重心要放低

第四，注意正、反手交替击球。在进行对墙击球练习时，一般多采用正、反手交替击球，不要仅进行单一练习，要结合场上其他项目同时进行。

第五，注意与墙保持一定的距离。在进行对墙击球的训练时，一定要注意与墙保持一定的距离，避免运动过程中损坏球拍。

第六，打靶击球。要在墙壁上确定一个击中目标（如粘贴一张纸），练习定点回球。

五、双人相对击球法

双人相对击球法，就是两人面对面站立，相距 6 米左右，各自手握球拍相互对击球，即一方将另一方平击过来的羽毛球用球拍接住后再还击给对手，以此循环练习。在接对手的来球时，球拍应先做后撤缓冲，尽量使来球稳稳地停留在自己的球拍上，然后再让球下落，并顺势还击给对手。双人相对击球的力量不要太大，可以先在固定位置相互击球，然后再在走动中练习击球。在整个练习过程中，双方都不得直接用手去接触羽毛球；将球击向对手时，应尽量将球平击到对手身体附近，球速由慢逐渐加快。

第三节　羽毛球运动的手法练习方法

要打好羽毛球，掌握良好的技术是十分重要的。拥有好的羽毛球技术，可以在运动中更好地控制和击败对手，而手法在所有技术动作中尤为重要。在羽毛球运动中，正确的判断、及时的反应、灵活、快捷的步法，最终都是为自己出手击球创造最好的时机，以最有效地利用手法攻击对手，取得比赛的胜利。本节讲解以右手持拍为例。

一、握拍

羽毛球拍握法的正确与否，直接影响着能否掌握和提高羽毛球技术。正确的握拍法可以帮助我们随心所欲地把球打到对方场区的任何落点；相反，错误的握拍法往往会影响我们控制球的能力，限制技术动作的发挥。羽毛球技术中的握拍法和指法是多种多样的，但是基本的握拍法有两种，即正手握拍法和反手握拍法。

（一）正手握拍法

正手握拍的动作方法（如图 4-8 所示）：与本章第二节中介绍的颠球练习握拍方法一致。握拍之前，先用持拍手拿住球拍，使拍面与地面垂直。手的虎口对着拍柄窄面的小棱边，拇指和食指贴在拍柄的两个宽面上，食指和中指稍分开，中指、无名指和小指并拢握住拍柄，掌心稍空出，不要紧贴拍柄。正手发球、右场区各种击球及左场区头顶击球等，一般都采用正手握拍法。

图 4-8　正手握拍

需要注意的是，握拍时不能握得太紧或太靠近球拍上端，掌心要留有空隙，这样有利于手腕的活动。

（二）反手握拍法

反手握拍的动作方法（如图 4-9 所示）：当球飞向身体的左侧时，可以采用反手握拍法来击球，即在正手握拍的基础上，拇指和食指将拍柄稍向外转，拇指顶点在拍柄内侧的宽面上或内侧棱上，中指、无名指和小指并拢握住拍柄，柄端靠近小指根部，使掌心留有空隙。球拍斜侧向身体左侧，拍面稍后仰。一般说来，击打身体左侧的来球，大都先转体，背对网，然后用反手握拍法击球。

羽毛球运动的日益发展，又推动了另一种反手握拍法的产生：大拇指第一指节内侧自然地贴在拍柄的窄棱面上，握拍手心与拍柄保持一定的间隙。这种握拍法能充分发挥手指的力量和灵活性，击球时技术动作小、爆发力强，同时能运用手指的控制力量使球的落点更佳。

一般情况下，我们不会用反手击后场球，只有在十分被动或必须用反手击球的情况下才使用。

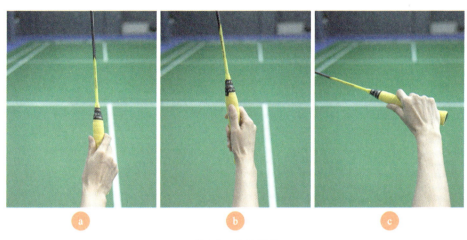

图 4-9　反手握拍

需要注意的是，初学者通常会将拇指指尖用力地顶在拍柄内侧的宽面上，这样不利于握拍的稳定，手腕的发力也会受到影响。另外，反手击球时，首先要及时将正手握拍转成反手握拍。

（三）手指发力

手指发力是指在球拍与球接触的刹那，手指突然收紧，产生力量，从而加快挥拍速度或使拍面方向发生变化。手指发力是调整击球距离和击球方向的关键，也是快速提高羽毛球手法技术的重要环节。

1. 捻动发力

捻动发力的动作像关水阀门，即四指以顺时针方向旋转来搓动球拍柄，使拍面旋转。该发力动作主要用于网前力量较小的搓、推等技术动作。

2. 屈指发力

屈指发力是指拇指、食指扣紧拍柄，并作为支点，其余三指由松指到屈指握紧发力。该发力动作主要用于高远球、平高球、抽球、杀球等。

3. 屈捻发力

屈捻发力的动作介于捻动发力和屈指发力之间，所发力量要比捻动发力大而比屈指发力小，是上述两种动作的结合。该发力动作多用于后场的吊球、劈吊。

（四）握拍易犯的错误

羽毛球握拍方法常见的错误有以下几种。

第一，握拍太紧，握拍方法不固定。握拍太紧是指击球时，在准备挥拍和还原的过程中，握拍手掌心与拍柄之间没有留适当的空隙，在球拍与球接触前就已经紧握球拍。

第二，"拳握"式握拍。这是指握拍时五指并拢，使劲一把抓地"拳握"。这样握拍会导致手臂肌肉僵硬，影响手腕的灵活性。

第三，"苍蝇拍"式握拍。这是指握拍手的虎口对准拍柄的宽面，拿球拍就像拿苍蝇拍。这样握拍会导致屈腕不灵活，妨碍对拍面角度的灵活控制。

第四，握拍时食指伸直贴在拍柄的上端部分，造成击球时手腕不灵活。

第五，反手击球时，没有转换成反手握拍法，影响击球时手腕的灵活性和手腕、手指的发力。

二、发球

发球是羽毛球运动中一项非常重要的基本技术。作为组织进攻的开始，发球质量的好坏直接关系到比赛的主动或被动，甚至直接关系到比赛的胜负。发球可以分为正手发球和反手发球两种；如果按球在空中飞行的弧线划分，又可以分为高远球、平高球、平射球和网前球等。

（一）发球站位技巧

开始发球前，要选择有利的站位方法。

1. 单打发球站位（如图 4-10a 所示）

发球者双脚站在靠近中线的一侧，离前发球线 1 米左右的位置上，左脚在前并且朝向击球方向，右脚朝向边线，身体重心在右脚。右手持拍向右后侧自然举起，屈肘，左手持球举于身前，眼睛注视对方。发球时，重心由右脚移至左脚。

2. 双打发球站位（如图 4-10b 所示）

双打发球时，发球者的站位较单打靠前，在紧靠前发球线与中线交接附近处的"T"形位置。发球者的右脚在前并且朝向击球方向，或者左右脚平行站立，身体重心在两脚之间或偏前。选择这样的站位发球，便于发球后抢第三排的封网前球。

ⓐ　单打发球站位　　　　　　　　　　ⓑ　双打发球站位

图 4-10　发球站位技巧

（二）正手发球

1. 正手发高远球

正手发高远球就是把球发得又高又远，让球向对方后场上方飞去。球的飞行路线与地面形成的角度要大于45°角，才能在对方场区底线附近垂直落下。

动作要领与方法：站位与姿势如前所述。发球时，在左手放开球使之下落时，右手转拍由上臂带动前臂，自右后方沿身体向前朝左上方挥动。当球落到右臂向前下方伸直能够接触到球的刹那，紧握球拍，并利用手腕屈收的力量向前上方发力击球，然后顺势向左上方挥动缓冲（如图4-11所示）。

图4-11　正手发高远球

注意：正手发高远球时，要让身体重心转动的力量、手臂挥动的力量以及手腕、手指的爆发力有机地结合起来，以使发球动作自然协调，出球有力。

2. 正手发平高球

与高远球相较，平高球的飞行弧度稍低，而飞行速度稍快。因此，正手发平高球是一种进攻性极强的发球方法。

动作要领与方法：发球时，发球站位、准备姿势、引拍动作、挥拍击球动作与发高远球基本一致，只是在击球的一刹那，前臂加速带动手腕向前上方挥动球拍，拍面要向前上方倾斜，以向前用力为主。

注意：正手发平高球时，发出的球以对方起跳无法击到球的弧度为宜，落点也应落到对方场区底线处。

3. 正手发平射球

正手发平射球，是用正手握拍，以正拍面击出飞行弧度比后场平高球还要低的一种发球。平射球的速度极快，角度很平，几乎是贴网而过，直射对方后场，可以让对方在接球时措手不及。在遇到反应较迟缓、动作较慢、击球动作幅度大的对手时，发平射球往往可以创造直接得分的机会，它是比赛中较为常用的一种发球抢攻战术。

正手发平射球的动作要领与方法如下。

（1）准备动作（如图4-12a所示）：站在靠中线，距前发球线约1米处，左脚在前，脚尖指向球网，右脚在后，脚尖指向右前方，两脚间距约与肩同宽，重心位于右脚；左手用拇指、食指和中指夹持住羽毛球中部，左臂自然弯曲平举于身前；右手正手握拍，右臂自然曲肘举至身体的右后侧。

（2）引拍动作（如图4-12b所示）：引拍动作与正手发高远球基本相同，但平射球的飞行弧度较高远球低，所以引拍动作要小一些。

图 4-12　正手发平射球准备、引拍动作

（3）击球动作（如图 4-13a 所示）：左手伸臂放球，身体自然由右向左转肩，重心前移；右臂随转体外旋，并带动前臂由后上经前下至前上沿半弧形做回环引拍动作，手腕尽量伸展，在身体右侧前下方击球；击球前，右臂伸臂，击球时，拍面仰角较小，前臂内旋带动手腕快速闪动屈指向前发力击球，重心由右脚移至左脚。击球点在规则允许的范围内，可争取略高一些。

（4）随前动作（如图 4-13b 所示）：身体重心完全移至左脚，右臂随惯性放松自然向左上方挥动，然后将拍收回至体前成接球前的准备动作，同时将握拍调整成放松的正手握拍形式。

图 4-13　正手发平射球击球、随前动作

发平射球的目的：一是为了偷袭，如果对方反应慢或站位偏边线，成功率会比较大；二是为了逼对方采用平抽快打的打法；三是为了把对方逼至后场区而造成网前区的空隙。

4. 正手发网前球

正手发网前球是用正拍面摩擦击球，使球轻轻擦网而过，落在对方前发球线附近的一种发球。网前球的飞行速度较慢，飞行弧度较低，球几乎贴网而过，可以有效地限制接发球方后场直接大力扣杀进攻，是双打比赛中较常用的一种发球方法。在单打比赛中，发网前球可以用于对付接网前球技术较差的对手，有时也可以作为过渡性的发球，或作为发球抢攻战术的手段。

正手发网前球的动作要领与方法如下。

（1）准备动作（如图 4-14a 所示）：站在位靠中线，距前发球线约 1 米处，左脚在前，脚尖指向球网，右脚在后，脚尖指向右前方，两脚间距约与肩同宽，重心位于右脚；左手用拇指、食指和中指夹持住羽毛球中部，左臂自然弯曲平举于身前；右手正手握拍，右臂自然曲肘举至身体的右后侧。

（2）引拍动作（如图 4-14b 所示）：引拍动作与正手发高远球类似，由于网前球飞行距离短、弧线小，所以手臂挥动的幅度和手腕后伸的角度比正手发高远球小许多。

（3）击球动作（如图 4-14c 所示）：左手伸臂放球，身体自然由右向左转肩，重心前移；右臂随转体外旋，并带动前臂由后上经前下至前上沿半弧形做回环引拍动作，手腕尽量伸展，在身体右侧前下方击球；击球前，右臂伸臂，击球时，握拍要松，小臂只是前摆不做内旋动作，靠手指控制力量，收腕发力，用斜拍面从右向左切击推送球托后部，使球轻轻擦网而过，重心由右脚移至左脚。击球点在规则允许的范围内，可争取略高一些。

（4）随前动作（如图 4-14d 所示）：身体重心完全移至左脚，右臂随惯性放松自然向左上方摆动，然后将拍收回至体前成接球前的准备动作，同时将握拍调整成放松的正手握拍形式。

图 4-14　正手发网前球

注意：正手发网前球时，握拍要放松，上臂动作要小，主要靠前臂带动手腕向前切送。球的弧线要贴网而过，落点应在前发球区附近。另外，手腕不能有上挑动作。

5. 正手发追身球

发正手追身球是指发球的时候有意识、有目的、有威胁性地将球往对手身上（尤其是上半身）打，迫使对方在接球的时候侧身后仰或弯曲手臂挥拍防守，动作和发力都无法得到展现，从而造成失误。然而，正手发追身球并不是仅仅把球胡乱地打到对手身上，追身的落点也是有讲究的。

（1）持拍手侧大臂到肩膀。持拍手侧的大臂到肩膀部位是半个死角，针对这个位置的来球基本上是没办法接的，除非是侧身。但是，侧身的时候无法发力，即便是能够回球，质量也不高，容易失误。

（2）胸前。胸前也是不好接球的位置之一。接发球者的球拍虽然在胸前，但是和胸还是有半米左右的距离，如果对手发的追身球打到胸前，大部分人会下意识横拍去挡，或者是侧身回球，极容易造成回球失误，给发球者连续进攻的机会。

（3）持拍手侧肋骨处。持拍手侧肋骨处也是回球比较难受的位置，因为这个位置根本不能进行主动性发力，被动的回球只能送给发球者下一次进攻的机会。反手的肋骨处容易被反手横挡回去，但是如果球速够快、球路短、对手反应慢，也可以发追身球。

（4）持拍手侧腰部。腰部是重心所在的位置，发追身球时落点在腰部，对手移动让开位置比较慢，防守起来发力受限制。

（5）持拍手侧膝盖。发追身球时落点在持拍手侧膝盖，对手在接球时，无论是在持拍手侧接还是反手接，都没有挥拍空间；如果后撤持拍手侧的脚，那么面对球速较快的来球又很难有时间反应，防守起来比较困难。

（三）反手发球

1. 反手发网前球

反手发网前球就是运用反手发球技术把球发至对方发球区前发球线附近。

（1）准备姿势（如图 4-15a 所示）：两脚与肩同宽，前后斜站。右脚在前，左脚尖侧后点地，重心放在右脚上；左手拇指、食指、中指握住球的羽毛处，将球置于腹前腰部以下；右手弯肘稍向上提起，展腕，反手握拍，以反拍面将球拍自然置于腹前持球手的后面，两眼正视前方，呈发球前的准备姿势。

（2）引拍动作（如图4-15b所示）：左手放球的同时，持拍手以肘为轴小臂内旋，带动手腕由后向前做回环半弧形挥动。

图4-15　反手发网前球准备、引拍动作

（3）击球动作（如图4-16a所示）：击球时尽可能在规则允许的范围内提高击球点，前臂向前上方推送带动手腕由外展至内收捻发力，靠手腕和手指控制力量，以斜拍面向前轻轻推送切击球托，使球尽可能低地沿网上方飞过，并落入对方接发球区靠近前发球线的区域。

（4）随前动作（如图4-16b所示）：击球后，前臂继续随惯性向上摆到一定高度后回收至胸前，握拍手迅速将握拍调整为正手握拍。

图 4-16　反手发网前球击球、随前动作

2. 反手发平高球

反手发平高球是用反手握拍法把球发得不太高，使球迅速越过对方场区而落到底线附近。球在空中飞行的时候，与地面所形成的仰角大约为 45°。

（1）反手发平高球的动作方法：准备姿势、引拍动作、击球动作及随前动作与反手发网前球相同。击球时紧握球拍，拍面后仰角度稍大，挥拍速度加快，用手腕甩动和手指配合的爆发力，将球向前上方击出。

（2）反手发平高球常出现的错误：手腕甩动的动作慢，造成发球无力、发出的球速度较慢；拍面的角度控制不好，发出的球不够快、不够平。

3. 反手发平射球

反手发平射球是用反手握拍法把球发得又平又快，击出的球离网不高且迅速越过对方场区并落到底线附近。球在空中飞行时，与地面形成的仰角不超过 30°。

（1）反手发平射球的动作方法：准备姿势、引拍动作、击球动作及随前动作与反手发网前球相同，不同的是在击到球的一瞬间不是轻轻地"切"击球托的侧后部，而是手腕由屈突然变直，向前上方挥动，让球突然飞越接发球者，飞向后发球线。

（2）反手发平射球常出现的错误：发球者站位太靠后；发力时上提了拿球的手，造成发球超过 1.15 米的违例动作。

三、接发球

（一）接发球的准备姿势

1. 单打接发球的准备姿势

单打接发球的准备姿势一般是左脚在前，右脚在后，双膝微屈，收腹含胸，身体重心放在前脚上，后脚脚跟稍抬起。身体半侧向球网，球拍举在身前，双眼注视对方（如图 4-17 所示）。

图 4-17　单打接发球的准备姿势

2. 双打接发球的准备姿势

双打接发球的准备姿势和单打基本相同，只是身体前倾较大，身体重心可前可后，球拍举得高一些，在球飞行到网上最高点时击球，争取主动。但是，在右发球区接发球时，要注意防备对方发球员发平快球突袭自己的反手部位（如图 4-18 所示）。

图 4-18　双打接发球的准备姿势

（二）接发球的站位

1. 单打接发球的站位

单打接发球的站位一般是在离发球线 1.5 米处，在右发球区时站在靠近中线的位置，在左发球区时则站在中间的位置。这样站位主要是防备对方直接进攻反手部位，避免被动接球。

2. 双打接发球的站位

由于在双打比赛中发高远球易被对方扣杀，所以发球多以发网前球为主，接发球者接发球时要站在靠近前发球线的位置，这样利于快速上网击球，以应对对方的网前球。

（三）接发后场球技巧

对方发球者发高远球或平高球时，接发球者可用平高球、吊球或杀球还击。一般来说，接发高远球是一次进攻的机会，还击得好，就掌握了主动。一些初学者常因后场技术掌握得不好，打还击球的质量较差，以致遭到对方的攻击。

（四）接发网前球技巧

对方发球者发来网前球时，接发球者可用平高球、高远球、放网前球或平推球还击。如果对方发球者发球质量不好，接发球者也可用扑球还击。要洞察对方发网前球的意图，如果对方是想要发球抢攻，而接发球者的防守能力又不强，那么就用放网前球或平推球还击，落点要远离对方的站位，争取控制住球，不让对方进攻。当对方连续发球抢攻时，接发球者一定要冷静、沉着，若疏忽麻痹，回球质量稍差，就可能让对方抢攻得手。

（五）接发平射球技巧

对方发球者发来平射球时，接发球者可用平推球、平高球还击，以快制快。由于接球方还击的击球点比发球方高，下压得狠些则可以夺取主动。另外，接发球者也可用高远球还击，以逸待劳。而接发球者不能仓促还击网前球，因为接发球的质量一旦稍差，就有可能遭受对方的进攻。

四、前场技术

（一）放网前球

放网前球就是将对方击来的吊球或网前球，用球拍轻轻一托，回击到对方网前区域的击球方法。质量较好的放网前球可以扭转被动局面。放网前球技术有正手放网前球和反手放网前球两种。

1. 正手放网前球

（1）准备动作（如图 4-19a 所示）：以正手握拍法，侧身对正手网前，右脚在前，膝微屈，前脚掌着地，右手握拍于体前。

（2）引拍动作（如图4-19b所示）：侧身向球的方向移动，上身稍前倾，右手握拍于体前。步法移动的最后一步是右脚向来球方向跨大弓箭步，身体重心要提高，前臂伸向来球，拍子前伸，稍上仰，斜对网。

图 4-19　正手放网前球准备、引拍动作

（3）击球动作（如图4-20a所示）：要争取高点击球，握拍放松稍收腕，向球托斜侧提击或搓切。在击球过程中，左手要向后平举以协调动作。挥拍的力量、速度和拍面角度的大小，主要取决于来球离网的远近和速度的快慢。来球离网远，速度较快，则放球的力量要大一些，反之则力量要小一些。

（4）随前动作（如图4-20b所示）：击球后前脚回动并收拍于体前，还原成放松的正手握拍形式。

图 4-20　正手放网前球击球、随前动作

2. 反手放网前球

（1）准备动作：侧身面对反手网前，反手握拍于左体侧，其他准备动作与正手放网前球相同。

（2）引拍动作：与正手放网前球相同，只是握拍转换成反手握拍法，手臂稍展、屈腕。

（3）击球动作：要争取高点击球，击球时主要靠小臂的前伸、外旋和手腕由内收至外展的合力，轻托球托底部让球轻松过网，左手和正手放网前球动作一样要协调配合。

（4）随前动作：与正手放网前球相同。

放网前球时，如果对方上网封堵网前，则可以改放对角线网前球，从而避开对方的扑杀。

（二）搓球

搓球是用球拍切削击打球托的侧面，从而让羽毛球旋转翻滚过网的一种网前技术。搓球的击球点大致与肩同高，一般利用"搓""切""挑"的动作，摩擦球托底部，使球改变在空中的正常运行轨道，从而沿横轴翻滚或沿纵轴旋转而越过网顶。网前搓球技术有正手搓球和反手搓球两种。

1. 正手搓球

（1）准备动作（如图 4-21a 所示）：正手握拍，运用正手上网步法向来球方向移动，当右脚向前蹬跨时，持拍手于胸前向来球方向伸出，争取高的击球点。左手于身后拉举至与右手对称的反方向，以保持身体的平衡，呈击球前的准备姿势。

（2）引拍动作（如图 4-21b 所示）：在伸拍的同时前臂外旋做半弧形引拍动作。

（3）击球动作（如图 4-21c 所示）：争取高点击球，前臂稍外旋，手腕由后伸至稍内收闪动，握拍手的食指和拇指夹住拍，中指、无名指、小指松握拍柄，利用手腕和手指的力量搓切来球的右下底部，使球旋转翻滚过网。

（4）随前动作（如图 4-21d 所示）：击球后手腕伴有一定的制动动作，右脚立即蹬地向中心位置回动，同时击球手臂收回到胸前，准备回击下一个来球。

图 4-21　正手搓球动作

2. 反手搓球

（1）准备动作（如图 4-22a 所示）：反手握拍，运用反手上网步法向来球方向移动，其余击球前的动作与正手网前搓球相同。

（2）引拍动作（如图 4-22b 所示）：在伸拍的同时前臂内旋做半弧形引拍动作。

（3）击球动作（如图 4-22c 所示）：反手网前搓球有两种击球方式。一种是手腕由展腕至收腕发力，击球时由左至右切击球托的左后侧部位；另一种是手腕由收至展腕发力，以斜拍面由右向左切击球托的右后侧部位。

（4）随前动作（如图 4-22d 所示）：与正手网前搓球相同，但需注意从反手握拍还原成正手放松握拍。

图 4-22　反手搓球动作

（三）挑球

挑球是在被动的情况下，把来球还击到对方的后场去，是为了争取回场时间而采取的一种过渡性质的击球技术。挑球的特点在于击球点较低，回球弧线曲度较大。挑球虽然不能给对手造成威胁，但如果能将球挑得高、挑得远（靠近对方场地底线），就能为自己回到场地中心位置赢得时间。

1. 正手挑球

（1）准备动作（如图4-23a所示）：与正手放网前球相同。

（2）引拍动作（如图4-23b所示）：持拍的手前伸，经右侧上方前臂外旋，手腕伸展下放，将球拍引向右侧下方。

图4-23　正手挑球准备、引拍动作

（3）击球动作（如图4-24a所示）：随着前冲的惯性，后脚跟进一步，成弓箭步，同时前臂内旋手腕伸直，当拍面击球的瞬间，前臂迅速内旋带动手腕向前上方展腕发力击球。用正拍面向正前上方挥动为击后场直线高球，用正拍面向斜前上方挥动为击网前正手挑后场斜线高球。

（4）随前动作（如图 4-24b 所示）：持拍臂随惯性向前上方挥拍减速，然后收拍并回动复位，还原成放松的正手握拍形式。

图 4-24　正手挑球击球、随前动作

2. 反手挑球

（1）准备动作（如图 4-25a 所示）：与反手放网前球相同。

（2）引拍动作（如图 4-25b 所示）：以肩和肘为轴心，前臂内旋并向下做小回环，将球拍引向右侧下方，而肘关节向上抬起，同时伸展腕。

（3）击球动作（如图 4-25c 所示）：击球时前臂外旋带动手腕收腕发力，并充分利用拇指的顶力将球击出。同网前正手挑后场高球一样，击直线球或斜线球应由球拍的拍面和击球的方向来决定，反拍面向正前上方发力击出直线球，反拍面向斜前上方发力则击出斜线球。

（4）随前动作（如图 4-25d 所示）：前臂随惯性向上挥动，逐渐减速，然后收拍于体侧，还原握拍姿势，同时前脚回动复位。另外，必须迅速将反手握拍转换为正手握拍。

图 4-25　反手挑球动作

　　挑球时需要注意：如果来球离网较远，拍面可稍前倾向前上方用力击球；如果来球离网较近，拍面应接近向上，击球时要有向上的"提拉"动作，以免挑球不过网。

（四）勾球

勾球是在网前将羽毛球勾至网的另一端的击球技术。勾球一般和搓球、推球结合起来运用，常能达到声东击西的效果，能更好地调动对手，使其防不胜防。勾球分为正手勾球和反手勾球两种。

1. 正手勾球

（1）准备动作（如图 4-26a 所示）：正手握拍，将球拍举至胸前，身体向前微斜，一般采用并步加蹬跨步的步法。在步法移动的同时，球拍随着前臂往右前上方举起。

（2）引拍动作（如图 4-26b 所示）：前臂前伸，稍有外旋，手腕微后伸。这时的握拍稍有变化——将拍柄稍向外捻动，拇指贴在拍柄的宽面上，食指的第二指节贴在与其相对的另一个宽面上，拍柄不触及掌心。

（3）击球动作（如图 4-26c 所示）：击球时，前臂稍内旋往左拉收，手腕内收发力。球拍拨击球托的右侧下部，由手腕和手指控制拍面角度。

（4）随前动作（如图 4-26d 所示）：击出球后，球拍回收至胸前。

a　　　　　　　　　　　b

图 4-26　正手勾球动作

2. 反手勾球

（1）准备动作（如图 4-27a 所示）：与正手勾球相同。

（2）引拍动作（如图 4-27b 所示）：在身体前移的过程中，球拍随手臂下沉至离网顶 20 厘米处，握拍变成反拍勾球握拍法，拍面正对来球。

图 4-27　反手勾球准备、引拍动作

（3）击球动作（如图 4-28a 所示）：当来球过网时，肘部突然下沉，同时前臂稍外旋，手腕稍屈至上伸，拇指内侧和中指把拍柄往右侧拉，其他手指握紧拍柄，勾击球托的左侧后部，使球沿对角线飞越过网。需要注意的是，手腕和肘部的动作要同步完成，拍面由准备迎击来球时的平伸变为向上翘起，击球的动力就源于拍面的变化。

（4）随前动作（如图 4-28b 所示）：球拍回收至胸前，为下次的来球做好积极的准备。

图 4-28　反手勾球击球、随前动作

（五）推球

推球的击球点高、动作小、发力距离短、速度快，且落点变化多，是前场击球技术中进攻底线的一种很有威力的球，在单、双打中都较常用。

网前推球有正手、反手两种击球方法，每种击球方法都可推击出直线、斜线等不同路线的球。在实战动作中，推球的出球弧度分为弧度较平、速度较快和略有一定弧度的两种，运用何种弧度的推球要视对手的站位情况来定。如对方是在网前站位还击球，可推出弧度较平、速度较快的后场球，争取立即夺得主动权。如对方所站位置是在中场或后场，就应推击出弧度稍高一些的球，让对方无法拦击，在控制与反控制中有效地调动对方。

1. 正手推球

（1）正手推直线球。

①准备动作（如图4-29a所示）：两脚左右分开站立，间距比肩略宽一些，右脚在前，左脚在后，右手拿拍放于身前，身体前倾。

②引拍动作（如图4-29b所示）：前臂随步法伸向前上方，同时要有外旋的动作，手腕向后微伸。

③击球动作（如图4-29c所示）：击球时以手为轴，前臂由外旋回至内旋，并带动手腕由伸腕到展腕向前快速挥拍发力。要用正拍面向正前方击球，并充分使用食指力量。

④随前动作（如图4-29d所示）：右脚蹬地向中场位置回动，持拍手臂收回到胸前，放松手臂，为下次击球做准备。

a　　　　　　　　　　　　b

图 4-29　正手推直线球

（2）正手推对角线球（如图 4-30 所示）。正手推对角线球技术的准备动作和引拍动作与推直线球相同，但是击球时击球点在右肩前，要推击球托的右侧后部，使球沿对角线方向飞去。这时，手腕控制拍面角度，闪腕时手臂不要完全伸直。

图 4-30　正手推对角线球

2. 反手推球

（1）反手推直线球。

① 准备动作：反手推直线球的准备动作与正手推直线球基本一致，只是改用反手握拍法。

② 引拍动作（如图 4-31a 所示）：右脚准备向前迈步，握拍手向身体内侧旋转，带动手腕引拍伸向来球方向。左手平举与右手对称，保持平衡。

③ 击球动作（如图 4-31b 所示）：击球时手腕向前展腕，右脚向前方跨步，快速挥动球拍击球，要运用拇指前顶球拍发力。同时，击球时手腕和手背要保持向上平行。

④ 随前动作：反手推直线球的随前动作与正手推直线球基本一致。

图 4-31　反手推直线球

（2）反手推对角线球（如图 4-32 所示）。站在左网前，以反手握拍，前臂往前上方伸举。在前臂稍向左胸前收引，肘关节微屈，手腕外展时，变成反手推球的握拍法，球拍松握，反拍面迎球。当前臂前伸并带外旋，手腕由外展到伸直闪腕时，中指、无名指和小指握紧拍柄，拇指顶压，往右前方挥拍，推击球托的左侧后部，使球沿对角线方向飞行。击球后，手臂回收，恢复击球前的准备姿势。

图 4-32　反手推对角线球

（六）扑球

扑球是双打中常用的一项进攻技术。当对手发网前球或回击网前球，球越过网顶且弧度较高时，即可迅速上步在网前举拍扑杀。扑球有正手扑球和反手扑球两种，按扑球路线可分为扑直线球、扑斜线球和扑追身球三种。

1. 正手扑球

（1）准备动作（如图 4-33a 所示）：运用正手上网步法向来球方向移动，当右脚向前方蹬跨步时，持拍手呈正手握拍高举至头部的前上方。

（2）引拍动作（如图 4-33b 所示）：身体往右前倾，手臂往右前伸，斜上举拍，正拍面朝前，持拍手向前上举拍，肘稍屈。

（3）击球动作（如图 4-33c 所示）：前臂伸臂内旋，腕保持伸展，屈指发力或捻指发力向下方挥动击球。同时前脚落地形成朝前扑的冲力，击球时上臂动作制动，肘有回动动作。正拍面正方向击球为扑直线球，正拍面斜方向击球则为扑斜线球。

（4）随前动作（如图 4-33d 所示）：顺势即可收拍，用并步回动，并持拍于体前，还原握拍。

图 4-33　正手扑球动作

2. 反手扑球

（1）准备动作（如图 4-34a 所示）：运用反手上网步法向来球方向移动，在右脚蹬跨步的同时，反手握拍持于左侧，向前上方的来球方向高举伸出。

（2）引拍动作（如图 4-34b 所示）：当身体向左前蹬跳跃起时，持拍手随着前臂前伸而向前上方举拍，肘稍屈，手腕外展，采用反手握拍法，拍面正对来球。

图 4-34　反手扑球准备、引拍动作

（3）击球动作（如图 4-35a 所示）：身体向左前飞跃，用手腕由外展至内收闪动的力量向前下加速挥拍扑压击球。拍面向正前下方击球为反手扑直线球，拍面向斜前下方击球为反手扑斜线球。

（4）随前动作（如图 4-35b 所示）：击球后马上屈肘，手腕由内收到外展收拍于体前，以免触网。

图 4-35　反手扑球击球、随前动作

五、中场技术

（一）抽球

抽球是击球使球平飞过网的一种打法，一般用于双打。抽击时，击球点在肩部以下的两侧，是下手击球速度较快的一项进攻技术。抽球分为正手抽球和反手抽球两种。

1. 正手抽球

（1）准备动作（如图 4-36a 所示）：面对球网，右脚稍在前，膝微屈，前脚掌着地，右手握拍于体前。

（2）引拍动作（如图 4-36b 所示）：右脚稍向右迈出一小步，同时上身稍往右侧，右臂向右侧上摆。球拍上举，肘关节保持一定角度，前臂稍后摆而带有外旋，手腕从稍外展至后伸，使球拍到后下方。

（3）击球动作（如图 4-36c 所示）：前臂急速往右侧前挥动，从外旋转为内旋，球拍由后伸至伸直闪腕，握紧拍柄，挥拍抽压，击球托底部。

（4）随前动作（如图 4-36d 所示）：球拍向左边顺势盖过去，收拍于胸前回位。

a   b

图 4-36 正手抽球动作

2. 反手抽球

（1）准备动作（如图 4-37a 所示）：与正手抽球基本相同。

（2）引拍动作（如图 4-37b 所示）：右脚向左前跨一步，身体左转、右前臂往身前收。肘部稍上抬，前臂内旋，手腕外展，球拍引到向左侧。

（3）击球动作（如图 4-37c 所示）：右前臂在往前挥拍的同时外旋，手腕由外展伸直至内收闪腕，手指突然握紧拍柄，拇指前顶，迎球挥拍，从球托的底部盖压过去。

（4）随前动作（如图 4-37d 所示）：击球后，球拍随身体回动而回收。

图 4-37　反手抽球动作

（二）挡球

挡球技术略似抽球，但击球点较近身，只能以前臂、手腕、手指发力为主击球，球的飞行形式与抽球相同，行程短、打到对方前场或中场。挡球应尽可能争取高击球点，多用在双打和混双中。挡球技术分为正手挡球和反手挡球两种。

1. 正手挡球

（1）准备动作（如图4-38a所示）：两脚开立面对网，上体直立，右脚稍前，左脚在后，两膝弯曲成半蹲式，举起球拍，拍面超过头顶。

（2）引拍动作（如图4-38b所示）：当判断来球是在头顶上时，身体稍往前移，同时右脚往前跨一小步，左脚稍微伸直。成右弓箭步，把击球点选在右肩的前上方。上臂向前上方抬起，肘弯曲，前臂稍后摆带有外旋，引拍于头后，手指放松握拍。

图4-38　正手挡球准备、引拍动作

（3）击球动作（如图4-39a所示）：击球时前臂向前并内旋，手腕由后伸至前屈闪动挥拍击球托的后部，上臂做制动动作，使球平直、急速地飞向对方中间场区附近。

（4）随前动作（如图4-39b所示）：击球后，球拍随势前盖，左脚往左前方迈一步，站在中线两侧稍偏后的位置上，球拍由左下回举至前上方，准备迎击第二次来球。

图 4-39　正手挡球击球、随前动作

2. 反手挡球

（1）准备动作（如图 4-40a 所示）：两脚平行站在左场区，重心在左脚，举拍于右侧前。

（2）引拍动作（如图 4-40b 所示）：当判断来球是在左场内时，右前臂往左摆，身体稍向左转至右肩对网，右脚也往左侧迈一小步，前臂内旋，手腕外展引拍于左侧后，手指放松握拍。

（3）击球动作（如图 4-40c 所示）：击球时，前臂外旋，手腕伸直闪动，屈指发力握紧拍子向前下方击球，上臂做制动动作，使球比较平直地向前飞进。

（4）随前动作（如图 4-40d 所示）：与正手挡球基本相同。

图 4-40　反手挡球动作

（三）接杀球

接杀球技术是在对方处于进攻，而我方需要将对方凌厉的杀球还击回去的情况下使用的技术，所以要求判断、反应、启动和出手要快，击球前的引拍预摆动作要小。而由于接杀球可借助对方来球的力量反击，所以不要求击球力量大。在比赛中，接杀球虽然看似是一项防守技术，但如果防守严密，回球的战术线路及落点掌握得当，往往会成为防守反击的开始。

接杀球技术可分为接杀挡网前小球、接杀勾对角线球、接杀挑后场高球和接杀平抽球等几种球。每一种球又可分为正、反手两种击法。

1. 接杀挡网前小球

（1）正手接杀挡网前小球。正手握拍，用正拍面在身体右侧将对方的杀球回击直线网前小球至对方网前的区域的打法，称为正手接杀挡网前小球。

① 准备动作（如图 4-41a 所示）：两退与肩同宽自然分开，立于中场稍偏后一点的位置，重心降低，双眼注视对方的击球动作，呈接球前的准备姿势。

② 引拍动作（如图 4-41b 所示）：用正手接杀球的步法向来球方向移动，在右脚触地的同时，右手伸向右侧面，上臂外旋，手腕稍做伸腕引拍。

③击球动作（如图 4-41c 所示）：借助对方杀球的力量，运用手腕的屈收、手指控制球拍面，以切击动作向前方推送，轻击球托的底部，使球尽量贴网下落。

④随前动作（如图 4-41d 所示）：击球后，上下肢都应迅速复位，准备回击下一个来球。

图 4-41　正手接杀挡网前小球动作

（2）反手接杀挡网前小球。反手握拍，用反拍面在身体左侧面将对方的杀球回击直线网前小球至对方的网前区域的打法，称为反手接杀挡网前小球。

①准备动作（如图 4-42a 所示）、引拍动作与正手接杀挡网前小球相同。

② 引拍动作（如图 4-42b 所示）：用中场反手接杀球的步法向来球方向移动。前臂稍有内旋引拍预摆动作。

图 4-42 反手接杀挡网前小球动作

③ 击球动作（如图 4-42c 所示）：在右脚触地的同时，右手伸向左侧来球方向。击球时由展腕至收腕微微发力，并通过手指控制球拍面的力量和角度切击球托底部。

④ 随前动作（如图 4-42d 所示）：脚步迅速蹬地向中心位置回动，同时将球拍收至胸前并调整为正手握拍，准备迎接下一个来球。

2. 接杀勾对角线球

（1）正手接杀勾对角线球。正手握拍，以正拍面在身体右侧将对方击来的杀球勾至对方正手网前区域的打法，称为正手接杀勾对角线球。

① 准备动作（如图 4-43a 所示）、引拍动作及随前动作均与正手接杀挡网前小球相同。

② 击球动作（如图 4-43b 所示）：击球时手臂内旋，食指发力，用斜拍面向斜前上方适当抬击球托底部，使球以一定的弧线过网，落入对方对角线方向的前场区域。

图 4-43　正手接杀勾对角线球

注意：击球力量应视对方杀球力量的大小来调整，如对方杀球力量大，我方击球力量要相对小；如对方杀球力量小，我方击球的力量则需要相对大。

（2）反手接杀勾对角线球。反手握拍，用反拍面在身体左侧面将对方的杀球勾到对方反手网前区域内的打法，称为反手接杀勾对角线球。

① 准备动作（如图 4-44a 所示）、引拍动作和随前动作都与反手接杀挡网前小球相同。

② 击球动作（如图 4-44b 所示）：击球时手臂外旋，在反手持拍姿势下，

用食指、拇指捻动球拍，以斜拍面的角度击球托左侧，使球越过球网落入对方对角线方向的前场区域。同正手接杀勾对角线球一样，应视对方杀球力量的轻重来调整控制本方击球力量的大小。

图4-44　反手接杀勾对角线球

3. 接杀挑后场高球

（1）正手接杀挑后场高球。正手握拍，以正拍面将对方杀至身体右侧面或体前的球挑向对方后场底线区域附近的打法，称为正手接杀挑后场高球。

① 准备动作（如图4-45a所示）和随前动作均与正手接杀挡网前小球相同。

② 引拍动作（如图4-45b所示）：当对方杀右边线球时，右脚向右侧跨一大步，随着步法移动引拍，右臂向后摆的同时稍带外旋，手腕后伸到最大限度，使拍后摆。

③ 击球动作（如图4-45c所示）：右臂向前挥动略带外旋，手腕从后伸至闪腕，肘部起到支点作用，拍面对准来球，击打球托中下部，使球向高远方直线飞行。

注意：出手要快，预摆动作及发力动作都不能大；正拍面向正前上方挥动则击直线球，斜拍面向斜前上方挥动则击斜线球。

图 4-45 正手接杀挑后场高球

（2）反手接杀挑后场高球。反手握拍，运用反拍面将对方杀向身体左侧面或前方的球挑至对方后场底线区域附近的打法，称为反手接杀挑后场高球（如图 4-46 所示）。

反手接杀挑后场高球时，利用反手网前挑后场高球技术的击球动作在身体前或身体左侧发力，其余要点与正手接杀挑后场高球相同。

图 4-46 反手接杀挑后场高球

4. 接杀平抽球

（1）正手接杀平抽球。正手接杀平抽球时，应站在右场区的中部，两脚平行站立，稍宽于肩，重心在两脚间，微屈膝收腹，正手握拍举于右肩前。击球前肘关节前摆，前臂稍往后带外旋，手腕稍外展后伸，引拍至体后。击球时前臂内旋，手腕伸直闪动，手指抓紧拍柄，球拍由右后往右前方高速平扫盖击来球。击球后手臂左摆，左脚往左前方迈一步，右脚跟一步回中心位置。

（2）反手接杀平抽球。反手接杀平抽球时，右脚前交叉在左侧前，重心在左脚上，右手反手握拍在左侧前。击球前肘部稍上抬，前臂内旋，手腕外展，引拍至左侧。击球时，在髋的右转带动下，前臂外旋，手腕由外展到伸直闪动，挥拍击球托的底部。击球后，球拍随身体的回动收回到右侧前。

平抽球易出现的问题：身体重心不稳，影响了手臂的击球动作；击球时间掌握不准确；击球时没有完成前臂带动腕部，手指抽鞭式地向前闪动，影响了爆发力。

六、后场技术

（一）高远球

后场高远球是将对方击至本方后场端线附近的球回击得又高又远、落至对方端线附近的一种球。它包括后场正手、反手和头顶三种击法。由于高远球飞行弧度高、速度慢，在被动的情况下可有效地争取回位时间，有助于调整接球位置，故比赛中在被动的情况下常用此种球过渡，或迫使对方远离位置。双打中如打守中反攻战术，也可利用击后场高远球、调动对方底线、消耗其体力。

1. 正手击高远球

（1）准备动作（如图4-47a所示）：向球落点移动，调整好身体与来球间的位置，使击球点在右肩稍前的最上方。左脚在前，右脚在后，两脚与肩同宽，身体侧向球网，重心在后脚上。左手自然上举，眼睛注视来球。右手持拍采用正手握拍法，屈臂举于右侧，拍面面向球网。

（2）引拍动作（如图 4-47b 所示）：当球下落到一定的高度时，身体向左转，充分伸展。上臂随着身体也向左转，手肘上抬，手臂后倒引拍，以肩为轴做回环动作。前臂充分向后下方摆动并外旋，手腕充分伸展，准备击球。同时，左手随转体动作自然屈臂协调摆去身体左侧。

图 4-47　正手击高远球准备、引拍动作

（3）击球动作（如图 4-48a 所示）：击球时，上臂上举，继续原来的回环动作，前臂急速内旋，带动手腕加速向前上方挥动。手腕屈，手指屈指发力，用正拍面将球击出，击球点选在右肩的前上方，高度以持拍手臂自然伸直击球为宜。如果是起跳击球，则按击高远球准备姿势做好，右脚蹬地、左脚后摆交叉起跳，开始转体，同时手臂引拍，在空中高点完成击球动作。

（4）随前动作（如图 4-48b 所示）：身体随惯性向左转稍前侧，右脚随身体重心前移并向前跨步。右手随击球后的惯性向左前下方挥动，然后顺势收回至体前，还原成松握球拍形式，呈击球前的准备姿势。在起跳击球后，左脚触地的瞬间，左脚前脚掌应立刻随身体重心前移而蹬地向前迈步跟进回中心位置。

图 4-48　正手击高远球击球、随前动作

　　要求：击球点在右肩前最高点，击球时手臂几乎是伸直的。击球时，前臂内旋带动手腕快速闪动，产生爆发力，以正拍面将球击出。

　　2. 反手击高远球

　　（1）准备动作（如图 4-49a 所示）：由中心位置启动后，用后场反手后退步法向来球方向移动，击球前右脚在前（先不着地，与击球动作完成瞬间同时着地），右手反手握拍屈肘举于身体右侧与肩同高的地方，两眼注视来球，呈击球前的准备姿势。

　　（2）引拍动作（如图 4-49b 所示）：持拍臂手肘向上抬举，身体向左转，背向网球、含胸收腹，右腿稍屈，同时手臂回环内旋引拍，握拍手尽量放松，手腕稍有外展。

　　（3）击球动作（如图 4-49c 所示）：当球下落至右肩前上方一定的高度时，上臂、前臂急速外旋带动手腕加速，近似画一条弧线似的由左下方经胸前向右前上方挥动。击球时手腕由伸展至屈收快速闪动，屈指发力，利用拇指的顶力以及食指、下三指的握力，用反拍面将球击出。此时右脚着地，身体重心也落在右脚上。

（4）随前动作（如图 4-49d 所示）：持拍手臂、手腕发力后随即制动收回胸前，右脚蹬地向右转体，面向球网跟进回位。

图 4-49　反手击高远球

3. 头顶击高远球

正手握拍，在左后场区用正拍面在头顶上方击后场高远球，叫头顶击高远球。

（1）准备动作（如图 4-50a 所示）：如果是在主动的情况下击球，为使击球动作隐蔽，击球前的准备姿势应以侧身准备（左肩对网）。如果是被动击球，在来不及的情况下，击球前左肩不一定对网，可以用交叉步向左斜后侧后退。

（2）引拍动作（如图 4-50b 所示）：与正手击高远球相同。

（3）击球动作（如图 4-50c 所示）：与正手击高远球基本相同，不同的是击球点偏左肩上方。起跳击球时，身体偏左倾斜，落地时左脚向左后方摆动幅度大些，使左脚的落地点在身体重心投影点的左后侧，以保证落地后身体前倾。

（4）随前动作（如图 4-50d 所示）：击球后迅速跟进回位。

图 4-50　头顶击高远球动作

（二）平高球

平高球是羽毛球运动中使用较多的一种打法，是高远球的变形。后场平高球是飞行弧度较高、距离较远、球速较快的一种进攻型高球，其高度以对方起跳拦击不了为准。

由于后场平高球的速度快、击球动作突然性强，如能选择适当的时机运用高质量的平高球攻击对方后场底线两角，再配合前场小球调动对方，则可达到控制对方后场，使其被动的效果，为自己创造进攻机会。平高球是后场主要的进攻技术之一。

同后场击高远球一样，后场击平高球技术也有正手、反手和头顶三种手法。

后场正手、反手和头顶击平高球技术的动作要领与后场正手、反手和头顶击高远球技术的动作要领基本相同，不同之处是引拍、击球动作较高远球小而快，击球的瞬间应用前臂内旋带动手腕的充分闪动快速发力，以比击高远球仰角稍小一些的正拍面将球击出。要求发力击球的时间更短、爆发力更强、突然性更大。

（三）吊球

吊球是从后场将球回击到对方网前区域（前发球线附近与球网之间）紧靠边线两角的近网小球，球的飞行弧度以球过网后迅速下落为宜。

吊球技术分为正手、反手和头顶三种手法。根据不同的来球弧度，又可分为高手位的主动吊球和低手位的吊球两种。而按球的飞行弧线和击球动作的不同分为劈吊、拦截吊和轻吊。劈吊击球前动作和打高球、杀球相似。击球时用力较轻，带有劈切动作，落点一般离网较远。拦截吊是把对方击来的平高球拦截回去，击球时用拍面正对来球，轻轻拦切或点击，使球以较平的弧线、较慢的速度越网垂直下坠。轻吊击球前动作和打高球相似，击球时拍面正对来球，在触球的刹那，突然减速或轻切来球，使球刚一过网即下坠。

1. 正手吊球

（1）正手切击吊球。

① 准备动作（如图 4-51a 所示）：同正手击高远球一致。

② 引拍动作（如图 4-51b 所示）：击球前，右脚向前蹬地，同时转体引拍。重心从右脚向左脚过渡，身体从侧身对网转为正对球网。转体和抬肘同时进行，转体后肘部向前，球拍后引至身体后侧。

图 4-51　正手切击吊球准备、引拍动作

③ 击球动作（如图 4-52a 所示）：击球点在右肩前上方，击球靠手腕、手指的控制力量，击球时手腕由伸腕到屈收带动手指捻动发力，并以手指转动使球拍形成一定的外旋，用斜拍面切击球托后部的右侧位置，击球瞬间手腕要控制好拍面角度，让球向对角网前飞行。

④ 随前动作（如图 4-52b 所示）：球拍随击球惯性和转体向左下方挥下，上臂旋外，收拍至体前。

图 4-52　正手切击吊球击球、随前动作

注意：若切吊直线，则拍面正对前方向前下方切；若切吊斜线，则球拍切削球托的右侧并向左下方发力。

（2）正手滑板吊球。

滑板吊球又称抹吊，即击球时抹击球托的后部，手臂内旋，使羽毛球落到对方场地的前场位置。滑板吊球的隐蔽性较好，具有一定的欺骗性，能起到让对手措手不及的效果。

①准备动作（如图 4-53a 所示）：同正手击高远球一致。

②引拍动作（如图 4-53b 所示）：与正手切击吊球一致。

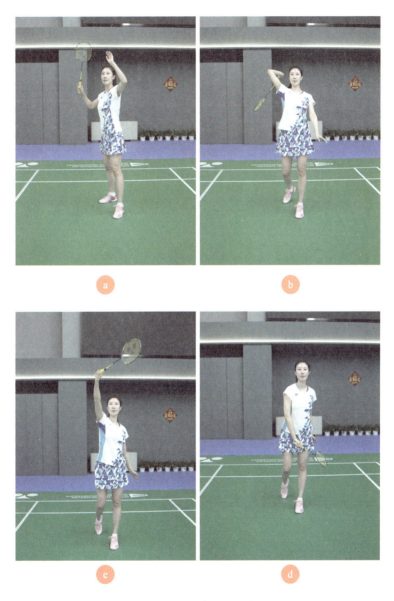

图 4-53　正手滑板吊球

③击球动作（如图 4-53c 所示）：击球时，拍面的包切动作要小一些。击球瞬间以斜拍面击球托后部右侧偏中的位置，并向前下方切压，球拍与击球方向水平面夹角应成 90°，握拍要松，以使拍柄向虎口滑动，前臂稍内旋。

④随前动作（如图 4-53d 所示）：与正手切击吊球相同。

除了正手滑板，反手区域也可以运用反手滑板吊球。即用手指、手腕和前臂充分内旋的力量，快速挥拍切击来球的左侧部的球托。另外，滑板吊球后可以运用拉吊突击的战术，就是以吊球为铺垫，组织进攻，先拉后场，再吊网前，当对手回吊球不到位时，突击一拍来赢下此局比赛。

2. 反手过渡吊球

反手握拍以反拍面在后场击吊球为反手击网前吊球。

（1）准备动作、引拍动作和随前动作（如图 4-54a、b、d 所示）均与反手击高远球相同。

（2）击球动作（如图 4-54c 所示）：反手过渡吊球和反手击高远球的不同之处是击球的拍面和击球力量的大小不同。吊直线球，击球时前臂外旋带动手腕，用手指捻动发力，使拍面外旋，用斜拍面向前下方切击球托的后中部，击球瞬间，拍面与地面水平面的夹角应稍大于 90°。吊斜线球时，用斜拍面向斜下方切击球托的左侧部位。反手吊球发力击球时应稍带有前推动作，否则球将不易过网。

a

b

c   d

图 4-54   反手过渡吊球动作

(四)杀球

杀球是在后场或中场争取尽量高的击球点,并全力将球由高点向下往对方中后场区扣压的一种技术。杀球时击球力量最大,球的速度最快,在比赛中通常是进攻直接得分的重要手段。

依据击球点在场区的位置,杀球可分为后场杀球技术和中场杀球技术。后场杀球技术包括后场正手杀球、头顶杀球和反手杀球三种击球方法。而根据击球力量的不同可分为重杀和点杀;根据出球距离和落点的不同可分为长杀(落点在双打后发球线附近)、短杀(落点在中场附近),以及利用时间差而采用的突击杀等。

1. 正手杀球

在右肩前上方,利用正手握拍以正拍面击杀球为正手杀球。

(1)正手杀直线球。

① 准备动作(如图 4-55a 所示):双脚开立,右脚在前,左脚在后,两脚间距比肩略宽,右手持拍置于体前,身体稍向前倾,收腹。

②引拍动作（如图 4-55b 所示）：与正手击高远球基本相同，不同点在于，身体向上伸展的同时后仰挺胸成反"弓"形。

图 4-55　正手杀直线球准备、引拍动作

③击球动作（如图 4-56a 所示）：侧身起跳，向右上方提肩带动上臂、前臂，球拍上举，向上伸展身体。起跳后，身体后仰挺胸，右上臂往右后上摆起，前臂自然后摆，手腕后伸，前臂带动球拍由上往后下挥动，这时握拍不宜过紧。随后空中转体收腹，带动右上臂往右上摆，前臂全速往前上挥动，带动球拍高速前挥。当击球点在肩的前上方，前臂内旋，手腕前屈微收，闪腕发力杀球。击球时手指要抓紧拍柄，把手腕的爆发力集中到击球点上。球拍和击球方向水平的夹角应小于 90°，球拍正面击球托的后部，使球直线下行。

④随前动作（如图 4-56b 所示）：杀球后，随着击球惯性，球拍向左下方挥动，然后回收到胸前。

图 4-56 正手杀直线球击球、随前动作

（2）正手杀对角线球。

正手杀对角线球的准备姿势和动作要领与正手杀直线球相同，不同点是起跳后身体向左前方转动用力，协助手臂向对角方向击球。

要想杀球凶猛，必须注意两点：一是击球点的选择。选择适当的击球点是掌握杀球技术的关键，如果击球点太靠前，则杀球不易过网；如果击球点太靠后，则击球角度不好，不利于发力，击出的球飘浮无力。击球点的位置必须恰当，才能取得理想的击球效果。二是全身协调用力。杀球的力量来自右脚的蹬力、腰腹力，上臂、前臂、手腕以及身体重心等各方力量得协调一致，最后在击球上。如有一个动作协调不好，就会影响杀球的力量。

至于后场正手是杀直线球还是对角线球，主要靠手腕、手指控制击球的拍面和方向来决定，用正拍面向正前下方击球则杀直线球，用正拍面向斜前下方击球则杀对角线球。

2. 头顶杀球

在左后场区用正手握拍，以正拍面在头顶上方击杀球为头顶杀球。

头顶杀球技术的准备动作、引拍动作及随前动作要领均与头顶击高远球技术相同，而击球动作则与正手杀球技术要领基本相同，不同的是击球点在头顶前上方。

击球时拍面是正面击球，而不带任何切击动作，否则斜拍面击球拍面与球摩擦，将会抵消击球的力量。

（1）头顶杀对角线球。头顶对杀角线球的准备动作与头顶击高远球基本相同，不同的是在击球时要充分利用腰腹力量，以大臂、小臂带动手腕快速下扣。引拍动作与头顶击高远球基本相同，不同点在于身体后仰的程度和起跳后两腿在空中分开的距离更大。头顶杀对角线球在击球时拍面是正面，不带切，击球托的左后部位。击球后球拍随惯性回收至体前即可。

（2）头顶杀直线球。头顶杀直线球的准备动作同头顶击高远球类似，不同之处在于挥拍击球时要靠腰腹带动大臂，协调小臂、手腕的综合力量形成鞭击动作，全力往下方击球，拍面与水平面的夹角小于90°。其击球动作与头顶杀对角线球基本相同，只是击球时要全力向直线方向击球才行。

3. 反手扣杀球

反手扣杀球的准备动作与反手击高远球相同，只是击球点较高远球靠前，力量较高远球大，击球时拍面的仰角较高远球小。击球前，挥拍用力要大，跳起后身体反弓，手臂、手腕延伸、外展，可向对方的直线或对角线的下方用力，击球瞬间球拍与扣杀球方向的水平夹角应小于90°。为了获得最大的击球力量，击球要靠左脚的蹬力和腰腹力、肩力，同时上臂要带动前臂由外旋至内旋快速闪动。击球时，屈指发力，用反拍的正拍面击球托的后部，拍面向正前下方压为反手杀直线球，拍面向斜前下方压则为反手杀对角线球。

4. 腾空突击杀球

当对手击出弧度较低的平高球时，可使用腾空突击杀球。击球前，侧身右脚后退一步准备起跳。起跳后，身体向右后方腾起，上身右后仰呈反弓形，右臂上抬，肩尽量后拉。击球时，前臂全速往上摆起，手腕从后伸经前臂内旋至屈收，同时握紧球拍压腕产生爆发力，高速向前下击球。突击扣杀后，右脚在右侧着地，屈膝缓冲，重心在右脚前，左脚在左侧前着地，利用左脚蹬地向中心位置回动，手臂随惯性自然往体前回收。

5. 提高杀球力量的方法

后场杀球击球力量大，发力方式与前场小球不同。击球前，拇指、食指和中指放松，掌心与球拍柄之间留有发力空间。为满足放松要求，拇指和食指只要贴在球拍柄上即可，不要用力紧握。击球时，食指和拇指扣住球拍柄，中指、无名指和小指紧握拍柄，以拇指和手掌末端的小鱼际肌为支点，其余几指为力点，由放松到抓紧，用近似杠杆原理的方法，屈指发力将球击出。想要提高杀球的力量，可以通过以下方法练习。

（1）可站在一块平整墙壁2米远的位置，举起手臂用上面叙述的屈指发力方法向头上方的墙壁连续击球，体会小臂、手腕和手指由放松到抓紧、屈指发力的感觉。练习初始，击球力量不宜过大，因为击球力量过大的话，挥臂速度往往会跟不上球的反弹速度，不容易持续地击球，应强调发力动作正确，发力集中即可。经过一段时间的练习，能够控制住球后，可适当加大发力力量。

（2）用一条有一定拉力的粗橡皮盘，将其一头揽牢在固定物上，另一头持拍手以持球方式握住，用近似杀球的动作进行拉皮筋练习。此方法能有效增强手臂的击球力量，加强发力能力。

（五）后场劈球

劈球是介于吊球和杀球技术之间的一项后场进攻型技术。由于劈球是以吊球的动作、杀球的力量斜拍面击球，甩发速度快，且落点一般都较刁钻，所以在实战中，它与平高球、吊球、杀球配合运用，构成了灵活多变的后场进攻手段。劈球技术可分为正手、头顶两种击法。

劈球技术的准备动作、引拍动作和随前动作都与正手杀球技术相同，不同点在于击球时充分运用前臂、手腕、手指控制拍面，以斜拍面快速向前下方劈压击球。劈直线球时斜拍面切击的角度要小些，劈对角线时斜拍面切击的角度要大些。另外，根据对方来球弧度高低的不同，击球的拍面也要相应地调整。当对方来球较高时，击球向前的力量要小一些，向下劈压的力量要大些。如对方来球较平，则手腕向前推的力量要大些，向下劈压的力量要小些。

七、假动作

羽毛球运动中除了球技的对抗外，还有心理上的博弈，如果善于利用假动作迷惑对手，则能为自己带来优势。

（一）发球假动作

1. 正手发球假动作

（1）站位在发球区靠中一些，丁字步，上身朝向边线。球拍放到离身体最远的地方，以便最大距离地引拍。这样一来，对手会认为你要发高远球，其心理判断和准备会随之变化，所以注意力在后场，重心就靠后了。而你在实施发球时，先快速挥拍，当球拍将要击球的瞬间，收力，拍面轻薄地切击球托，发出一个正手短球，并且落点在对方接球区前场的内角或者外角，从而使对手无法接发球。其抢攻和回球质量差，可以让你从开始就抢占主动权。

（2）站位在发球区靠前一些，球拍的位置距离击球点的位置较近，没有什么引拍距离。如此，你的站位和姿势会让对手以为你要发网前球，从而会先入为主的判断将注意力放到前场。而你在发球时，可利用手腕的快速闪动来带动球拍，发出正手平快球、平高球或者高远球。由于对手在开始就受你的站位和姿势的假象影响，在反应上会处于被动，也就很难打出高质量的回球了。

2. 反手发球假动作

（1）站位在 T 字区近处（注意不要踏线违规），持球手将羽毛球举到规则允许的最高位置，将球拍的反拍面正向对着羽毛球，似要发一个近角的网前球。在真正实施发球时，开始的手势也像以反拍面正向击球，而在球拍将要触球的一刹那，手腕变向，以斜拍面去削击球托，发出一个远角的网前球。这样对方上网扑发球的成功率就会降低。

（2）站位在 T 字区近处（注意不要踏线违规），持球手将羽毛球举到规则允许的最高位置，将球拍的反拍面正向对着羽毛球，似要发一个近角的网前球。在真正实施发球时，开始的引拍也像反拍面正向击球，但引拍动作较慢。而当球拍要击到球的一瞬间，拇指发力弹击球拍，发出一个反手的平快球或者平高球，让对手只能仓促地应付，其结果是对方无法接发球抢攻而失去先机。

（二）接发球假动作

1. 虚扑实放网前球

虚扑实放网前球的动作要领是判断要准，在对方发来的网前小球一出手（离开球拍后），马上举拍上网似要扑杀，移步要快、作势要凶猛，用身体语言给对手一个假象。此时，对手会本能地举拍准备防守反击，其双脚就会扎稳。这时在球拍接触球前一刹那收势收力，将球轻挡回对方的网前或者利用手腕的细小动作改变拍面，将球切击到对方的网前两个边角处，打出一个网前球，让对手只能处于防守，由下向上起球，比赛的主动权就来到了你的手上。

2. 虚放实挑后场球

虚放实挑后场球的动作要领是利用击球的时间差来迷惑对手。当对手发来网前小球时，马上持拍迎上去做出用正手或者反手去轻挑球的假象，但不是第一时间就回击球，而是让球拍按照球飞行的轨迹向后退，像被球推着向后退一样。当球拍回退到一定的位置（高度），突然小臂和手腕发力，将球快速回击挑到对方的后场。如果整个动作逼真，对手就会被迷惑，认为你会放网前球，而实际上你是挑后场的高远球，从而对手便会陷入被动。

3. 虚晃球拍声东击西

这种假动作要求身体和手的动作有较高的协调性，不然就无法迷惑对手。其动作要领也是判断要准，当对方发网前小球时，你需要马上迎上去，并且是身体在前，球拍在胸腹部的位置，反手持拍。由于有身体掩护，跑势快而球拍在网下又近身，对手较难看清你的手型和拍子的转动，会认为你是要随着跑动将球拨（带）到他的反手位网前角，便会将注意力放到你跑位的方向上。这时你可以将手腕隐蔽地一抖，将球拨到对方的另一半场的中腰。在双打中，此方法依然有效。双打中运用这种假动作，对方的前场队员被骗而封不到球，且球的落点在中腰，对方的后场队员也够不到，只能望球落地了。

（三）处理网前球假动作

1. 虚推实拨的假动作

当对方放网前球后，接球方就要快速移步到位，乘球还没有下落过网顶，举起球拍正向对准来球，似要平推对方的后场或直线挡放一个网前球，从而将对方的注意力引到一方。而在拍子接触球的一刹那，要突然转动手腕变拍型，将球拨到对方的另一区网前角处，让对方措手不及。

2. 虚搓实勾的假动作

当对方放网前球后，接球方就要快速移步到位，伸展手臂，拍面与地面平行，似要搓一个网前球。当拍面到了球的下方，突然改搓为勾，回击对方一个对角网前球，使对方判断失误。

3. 虚发力挑后场而实际放网前的假动作

这种假动作可以对付对方在其后场的头顶劈吊网前球。接球方还是要准确判断球的飞行路线和落点，快速反应移动到可能的落点处，正手（或者反手）大动作挥拍，似要下手发力将球挑回对方的后场。这样一来，对方在其后场或正在击球后回位到中场的途中，以为要压自己后场，就不会上网。此时，在拍子接触球的一刹那突然手腕制动收力，轻击球托放一个直上直下的网前球，就会让对方再次来不及启动，从而变主动为被动。该假动作如果在球拍接触球时能使用手腕控制拍面，还可以回放对方对角线网前球或其他不同的网前球。

4. 虚挡实搓的假动作

当比赛双方互斗网前小球，对方勾了一个对角线网前球时，你要快速反应和到位，乘球在网顶平行飞行的时候，拍面向着来球和网面，似要正向挡击回放。而当球再继续飞行刚低于网顶时，突然变换拍面与地面平行，回搓对方一个滚网小球，而且让球更靠近边线，使对手在回球时更困难。

（四）中场击球假动作

1. 虚杀实吊的假动作

一般情况下，对手回了不到位的半场球之后会进入全力以赴的防守状态。这时候，你可以起跳像要大力扣杀，从而让对手双脚跟扎住，重心降低。而实际你可以高点劈吊对方的网前角，让对手难以应付。

2. 虚杀实抹的假动作

当对手在其后场回了一个半场球之后，可抓住机会起跳挥拍，似要杀球，但突然手腕在击球点的最高处一抹，放对手一个网前球，让对手来不及救球。

3. 虚杀实平抽的假动作

很多时候，善于防守的球员对杀球有准备，而且接杀球能力很好，很难一击得分，这时采用虚杀实平抽的假动作则可以收到意想不到的效果。当对手回了一个半场球之后，马上举拍做杀球的动作。这时候对方的球拍一般放在身体下方，以便接杀球。但你并没有在高点处击杀球，而是目视球从上往下掉，当球下落到与你的肩部同高，或者高过网顶少许，突然一个大力平抽，可以让对手防不胜防。

4. 虚杀实平高球再压对方反手位后场的假动作

一般情况下，对手回了一个使自己被动的中场球后，第一时间想要做的事情就是赶回中场准备接杀球，而且注意力会高度集中。这时候你如果杀球，成功的机会并不高。如果你采用虚杀实平高球再压对方反手位后场的假动作，让对手再次退回反手位后场，其回球就会更不到位，而且人也回不到最佳防守点。这时候你完全可以一举将球杀到对方的中腰或其后场的另一端角，让对方鞭长莫及。

（五）后场击球假动作

1. 后场下手击球的假动作

当对手压你的反手后场很到位时，你要能迅速移动到位，可以采用正手绕头顶回击球，也可以用反手回击球。但是对手通常已移动到你反手位的同一半场，以便抓机会封杀你的高球和防备你杀一个压边线球。这时候，你原来准备的用反手的上手球去回击可能效果并不好。所以，你可以摆好姿势并不击球，让球继续下落，以迷惑对方，使之思想松懈而放松警惕。在球将要接触地的一刹那，你用反手的下手挥拍，挑对手一个大角度的远网网前球，让对手防不胜防。

2. 后场反手击球的假动作

当对手压你的反手后场很到位时，你可采用反手大幅度的引拍，似要回对方一个反手高远球或平高球，但真正击球的一刹那，手腕控制反拍面，斜劈对方一个远角网前球，让对手意想不到。

3. 后场侧身杀斜线的假动作

在比赛中，较多时候对手会以平高球压你正手位的远端后场角，你可以采用正手后退步伐，在最后一下起跳，身体与边线平行，头也不转，似要杀对方一个压边直线球。因为你没有转体，对手会将注意力放到你的正手半区（他自己的反手半区），而此时你可以手臂和手腕突然一旋，杀对手一个正手大斜线，落点在中腰，或者劈吊大斜线到对方的另一网前角。

第四节　羽毛球运动的步法练习方法

羽毛球运动的步法是指在羽毛球运动中，运动员为移动到适当的位置击球而采取的快速、合理、正确的脚步移动方法。步法是羽毛球技术的一部分，它和手法相辅相成、不可分割。没有正确的步法，必然会影响各种击球技术动作的完成。每一组步法一般都是从球场中心位置开始，包括上网步法、后退步法和两侧移动步法。本节讲解以右手持拍为例。

一、启动步法

步法是羽毛球运动的灵魂，步法运用是否得当不仅决定着能否打到球，也直接影响击球质量。启动步法对于羽毛球运动有着重要的作用，其作用也很好理解，即可以让你更好地发挥腿部力量，推动身体向球的落点移动。同时，启动步法也是大多数羽毛球步法的基础，任何上网步法和后退步法都是在启动步后进行的，没有启动步也就没有快速的移动，更谈不上步法的节奏感。击球时，由于对手可以将球击打到球场的任何位置，所以我们在击球后要回到己方场地的中间位置。这要求我们不仅速度要快，而且要在事先不确定方向的情况下快速启动，然后判断击球的落点并快速移动过去。

本质上来讲，启动步法并不难掌握。很多人对启动步法的了解是从"小跳"或"分腿跳"开始的，这也是启动步法最直观和最基础的一种形式。

启动步法的动作本身非常简单，只是小跳一下，然后移动方向对侧的脚蹬地发力即可。大多数人几分钟即可掌握，真正困难的是在不知道移动方向的前提下先启动，然后判断移动方向并向正确方向蹬地发力。

启动步法的动作要领（如图4-57所示）：启动步的起跳时机，是对手刚击到球的一瞬间。启动时，双脚稍微起跳离开地面，让身体由地面反弹起来，保证落地的瞬间能快速移动出去。落地时，膝关节弯曲，两脚要分开，从而让身体保持平衡。另外，上身要放松，腰部要略向前弯曲，身体重心放在两脚之间。落地的瞬间要蹬地，蹬地时和地面接触的时间要短促，这样才能更快地移动出去。

需要注意的是，运用启动步法时，先落地的脚决定了移动的方向。为了保持身体的平衡，在训练时可以两脚同时落地。但在实际运用上，一只脚总比另一只脚先落地，先落地的脚决定了移动的方向。左脚先落地，向右侧移动；右脚先落地，向左侧移动；前脚先落地，向后移动；后脚先落地，向前移动。

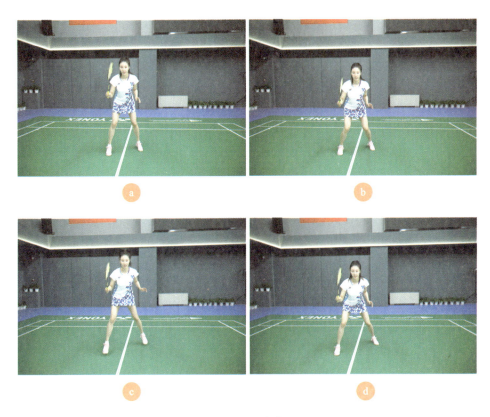

图 4-57　启动步法

二、上网步法

羽毛球运动的上网步法包括跨步上网、垫步或交叉步上网、蹬跳步上网等。不论用哪种步法上网，上网前的站位及准备姿势都是一样的。即站位取中心位置，两脚左右开立，稍有前后，约同肩宽，两膝微屈，两脚前脚掌着地，后脚跟稍提起并左右微动，上体稍前倾，右手持拍于体前，两眼注视对方的来球。

（一）跨步上网步法

1. 两步跨步上网步法

左脚先向来球方向跨出一步，左脚落地的同时，右脚紧接着向前跨出一大步到位击球。击球后，右脚蹬地迅速回位至球场中心位置（如图4-58所示）。

图 4-58 两步跨步上网步法

2. 三步跨步上网步法

右脚先向来球方向跨出一小步，接着左脚向前跨出第二步，最后右脚再跨出一大步到位击球。击球后，右脚蹬地迅速回位至球场中心位置（如图4-59所示）。

图 4-59 三步跨步上网步法

注意：跨步上网时，在右腿呈弓箭步时，要防止因上网前冲力过大使重心越过右腿而使身体失去平衡。另外，前脚脚尖应朝着边线方向，而不应朝向内侧。

（二）蹬跳步上网步法

站位稍靠前，判断对方要重复打网前球时，利用双脚蹬地迅速跳向网前，采用扑球技术击球，争取在球刚越过球网时立即进行还击。击球后，腾空的身体下降，双脚落地后快速调整重心，恢复正常姿势（如图 4-60 所示）。

图 4-60　蹬跳步上网步法

注意：使用蹬跳步上网步法时，既要快，又要注重着地制动和缓冲，防止因前冲力过大而触网或过中线犯规。

（三）前交叉步加蹬跨步上网步法

右脚先向前迈出一小步，落地的同时再抬起，利用左脚的蹬力蹬跨出一大步，到位击球。击球后，右脚蹬地迅速回位至球场中心位置（如图 4-61 所示）。

图 4-61　前交叉步加蹬跨步上网步法

（四）后交叉步加蹬跨步上网步法

右脚先向前迈出一小步，接着左脚从右脚后方迈出第二个步，落地时蹬地，使右脚迎来球蹬跨出一大步到位击球。击球后，右脚蹬地迅速回位至球场中心位置（如图 4-62 所示）。

图 4-62　后交叉步加蹬跨步上网步法

（五）反手上网步法

反手上网步法和跨步上网步法的动作要领基本都是相同的，都要求最后一步到位击球时，应保持右脚在前、左脚在后的姿势。区别在于：反手上网步法启动时，右髋应迅速转向左前方，使身体右侧斜对反手网前的击球点位置（这一转体也可在移动的过程中完成），以便于朝左前方移动。在上网移动到位制动时，为维持身体的平衡，有利于击球和回动，应注意同时利用背肌的力量克服上体向前运动的惯性，防止身体过度前倾。

三、后退步法

后退步法是后退回击高球、吊球、杀球、后场抽球的步法，它包括正手后退步法、反手后退步法、头顶后退步法等。不论采用哪种步法后退击球，其后退前的站位及准备姿势均与上网步法的站位及准备姿势相同。

（一）正手后退步法

正手后退步法，可采用并步后退步法、交叉步后退步法以及并步加跳步后退步法，实战中可根据场上情况和个人特点灵活使用。

1. 并步后退步法

右脚向右后侧身退一步，并带动髋部右后转，接着左脚用并步靠近右脚，右脚再向后转至到位，左脚跟进一小步，成为左脚在前右脚在后、侧身对网的击球准备动作（如图 4-63 所示）。

图 4-63　并步后退步法

2. 交叉步后退步法

右脚向右后侧身退一步，并带动髋部右后转，接着左脚从右脚后交叉后退一步，右脚再向后退至到位，成为左脚在前右脚在后、侧身对网的击球准备动作（如图 4-64 所示）。

图 4-64　交叉步后退步法

3. 并步加跳步后退步法

与并步后退步法的第一步、第二步后退步法相同，第三步采用侧身双脚起跳来球一侧后到位击球，后双脚落地（如图 4-65 所示）。

图 4-65 并步加跳步后退步法

（二）反手后退步法

反手后退步法是指在用反手技术还击对方击向己方左后场区高球时脚步的移动步法，应根据当时所处的位置离击球点距离的远近来调整移动步子。

1. 一步反手后退步法

如果距离球较近，可采用一步反手后退击球。方法为：启动时，身体重心移向左脚，并以左脚为轴，身体向左后方转动，同时右脚向击球点方向跨出一大步，背对网击球（如图 4-66 所示）。

图 4-66 一步反手后退步法

2. 两步反手后退步法

如果距离球稍远些，可采用两步反手后退步法击球。方法为：启动时，左脚先向左后方撤一小步，紧接着身体左转，右脚向左后方跨一大步，背对网击球；或者右脚先向后退一步，左脚向左后方跨出一步，以侧身的姿势到位击球（如图 4-67 所示）。

图 4-67　两步反手后退步法

3. 三步反手后退步法

如果距离球比较远，可采用三步反手后退步法击球。方法为：启动时，右脚先向左脚并一步（或交叉退一步）后左脚向左后方退一步，此时上体左转，右脚再向左后方跨出一大步，以背对网的形式到位击球。无论采用哪种方法移动，在最后一步时，要尽可能保证右脚靠近击球点方向，以利于击球动作的完成（如图 4-68 所示）。

图 4-68　三步反手后退步法

（三）头顶后退步法

头顶后退步法可采用头顶并步后退步法和头顶交叉步后退步法，以及头顶侧身步加跳步后退步法。

1. 头顶并步后退步法

髋关节及上体快速向右后方转动的同时，右脚向后退一步，接着左脚用并步靠近右脚，右脚再向后移至到位，左脚跟进一小步，成为左脚在前右脚在后、侧身对网的击球准备动作（如图 4-69 所示）。

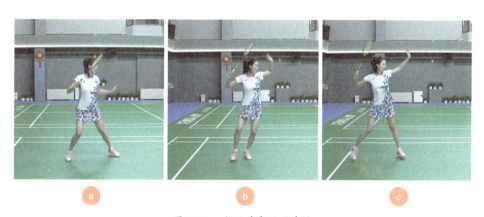

图 4-69　头顶并步后退步法

2. 头顶交叉步后退步法

髋关节及上体在快速向右后方转动的同时，右脚向后退一步，接着左脚从右脚后交叉后退一步，右脚再向后移至到位，左脚跟进一小步，成为左脚在前右脚在后、侧身对网的击球准备动作（如图4-70所示）。

图 4-70　头顶交叉步后退步法

3. 头顶侧身步加跳步后退步法

这是一种快速突击抢攻打法的后退步法。髋关节及上体在快速向右后方转动的同时右脚向后退一步，紧接着右脚向后方蹬地跳起，上身后仰，角度较大，并在凌空中完成击球动作。此时，左脚在空中做一个交叉动作后先落地，上体收腹使右脚着地时重心落在右脚上，便于左脚迅速回动（如图4-71所示）。

图 4-71　头顶侧身步加跳步后退步法

此种步法应注意几个重要环节：首先，上体和髋部侧转要快，右脚变成后退至左脚的后方横侧位，这是第一个环节。其次，蹬跳方向应为左后方，使上体向后仰。左脚在空中做交叉后撤的动作要大，落地点要超过身体重心之后。上体要有力地收腹，重心迅速恢复至右脚，左脚能迅速回动。

四、两侧移动步法

从中心向左右两侧移动到击球点上的步法，称为两侧移动步法。它一般用于完成中场球的回击，如接杀球、平射球。其移动前的站位及准备姿势与上网步法的站位及准备姿势基本相同。两侧移动步法一般包括左侧移动步法和右侧移动步法。

（一）左侧移动步法

1. 左侧一步蹬跨步法

判断来球落点距离身体较近时，迅速将身体重心调整至右脚，用右脚掌内侧用力蹬地，同时左脚向左侧跨一大步到位，正对球网击球，击球后左脚掌内侧蹬地回收回位。或经判断，左脚向左侧跨一步不能到位时，将重心落在左脚，以左脚前脚掌为轴向左转髋，同时右脚内侧用力蹬地，从左脚前向左侧跨一大步到位，背对球网击球，击球后右脚掌回蹬回位（如图4-72所示）。

图 4-72　左侧一步蹬跨步法

2. 左侧两步蹬跨步法

当判断来球距离身体较远时，左脚先向左侧移一小步，紧接着右脚向左侧蹬跨一大步，背对球网到位击球，击球后迅速回位至球场中心位置（如图4-73 所示）。

图 4-73　左侧两步蹬跨步法

（二）右侧移动步法

1. 右侧一步蹬跨步法

判断来球落点距离身体较近时，迅速将身体重心调整至左脚，用左脚内侧用力蹬地，右脚随髋关节转动，同时向右侧跨一大步到位击球，击球后迅速回位至球场中心位置（如图 4-74 所示）。

图 4-74 右侧一步蹬跨步法

2. 右侧两步蹬跨步法

当判断来球距离身体较远时，左脚先向右侧移一小步，紧接着右脚向右侧蹬跨一大步到位击球，击球后迅速回位至球场中心位置（如图 4-75 所示）。

图 4-75 右侧两步蹬跨步法

第五节 羽毛球运动的身体素质练习方法

一、力量练习方法

羽毛球运动具有运动强度大、移动快速等特点，而且比赛攻防节奏快、对抗性强，对参与者的身体素质要求较高。因此，身体素质也是决定运动成绩的重要因素。

力量素质是身体素质的基础，羽毛球运动虽然不是依靠绝对力量的项目，但也要具有一定的力量，在力量的基础上发展速度和耐力，从而具有保证比赛所需的较强动作发力和长时间跑、跳、蹬、跨以及上肢连续击球动作的能力。与羽毛球运动相关的力量训练需要从羽毛球技术动作的特点出发，来选择训练方法及手段。在训练上肢、肩带和躯干肌肉群力量时，要根据杀球动作所需要的展腰背、收腹、转体、展臂并回环向前下方下压所需要的力量，进行躯干的展、收和转体的爆发力训练及负重训练。在下肢力量的训练中，应进行向上弹跳力，向前、向左、向右蹬力的爆发力等训练，同时应充分考虑这些动作的实际情况，以半蹲或不完全半蹲状态下快速发力来进行训练，从而发展下肢力量。

力量练习中最常用的就是负重练习，即用哑铃、实心球、沙袋、杠铃等器械，来发展力量素质。其中包括用极限或极限下的重量来发展爆发力；用中等力量的杠铃来发展速度力量；用轻哑铃、实心球、沙袋来发展一般力量。

除了负重练习外，还可以进行克服自身力量和克服同伴阻力的练习。采用俯卧撑、引体向上、收腹举腿、双臂屈伸、深蹲、弹跳等练习，对发展手臂、腰腹以及腿部力量有很好的作用。双人练习中，采用抗力、推拉等，也能很好地发展力量素质。

除了上述方法，还可以采用其他的一些练习，如用拉力器、拉橡皮筋等发展手臂及腰腹力量等。训练过程中，可以根据自己的弱点有选择地练，如小臂力量差就练腕力，可以通过小臂挥拍甚至矿泉水瓶来训练。大臂力量差就练肩，其中，最好的办法是练双杠，采用双手撑杠起的方式。此外、跳绳，尤其是双摇跳是最符合羽毛球项目特点的身体训练方式，因为跳绳是全身的运动，既可以练腕力又可练挥臂的速率，更能增强身体的协调性。

（一）上肢力量练习

上肢力量练习，简单地说是为了提高挥拍击球的力量和速度，使出手击球更加凶狠，给对方以更大的威胁。上肢力量练习主要训练四个部位，即肩部、大臂、小臂、手腕。

常用的上肢专项力量训练方法有以下几种：①羽毛球掷远、掷垒球、扔沙包练习。②手腕力量练习，手持哑铃位于体前做绕"8"字练习。③挥拍练习，挥网球拍或重拍，重点进行手指、手腕的各种击球动作练习，加快挥拍的速度以发展出手的速度和球的速度。④转臂练习，手持哑铃，自然站立，持哑铃的手自然后引，当手臂位于身体颈部位置时，手肘朝前，就像高远球的引拍动作，通过手腕带动小臂向前向上甩动，从而发展手臂力量。

（二）躯干力量练习

躯干力量的练习主要集中于腹、背肌力量的练习上，腹、背肌力量是羽毛球力量素质中不可忽视的，运动中各种步法的转体、各种扣杀动作及上网救球动作，都需要强有力的腹、背肌力量。其一般训练方法和专项训练方法基本相同。

常用的躯干专项力量练习方法有：①腰背力量练习，双手握杠铃自然直立，弯腰时双手握杠铃下落，当杠铃接触地面时迅速挺直腰部将杠铃上提发展背部力量。②负重仰卧起坐，将杠铃片双手抱于脑后做仰卧起坐。③负重俯卧挺身练习，俯卧于垫上，两手握住杠铃片于胸前，头部和上体后仰。④负重转体，双手握住杠铃片，上半身挺直，两腿与肩同宽，分腿站立，身体向左、右旋转。⑤传接球练习，两人背靠背分腿半蹲站立，其中一人手拿实心球，两人同时朝一个方向转体，当转到最大角度时将球传给另一个人，然后换一个方向继续练习。

（三）下肢力量练习

羽毛球运动员的负担量主要是在下肢。因此，下肢素质是被训练的重点部分。加强下肢力量练习能够给步法的快速移动打下良好的基础。下肢力量练习主要是四个部位，骨盆部（盆带肌）、大腿、小腿及足部（踝关节）。

常用的下肢专项力量练习方法有：①负重深蹲，下蹲时速度要慢，起立时速度要快，练习腿部爆发力。②负重半蹲提踵，下蹲时保持腰背挺直，慢下快起，起的时候踮脚尖。③负重跨步练习，肩负杠铃片，然后向前方做弓步压腿，要求上半身挺直。④负重半蹲跳，肩负杠铃片做半蹲跳，要求腰部力挺，不塌腰、不低头。⑤跳绳练习，定时双摇或定数双摇。⑥弓箭步前行、蛙跳、半蹲跳。⑦跳台阶练习，单腿台阶跳、双腿台阶跳、左右腿交替台阶跳。

二、速度练习方法

速度素质在身体训练中占有重要的地位。羽毛球运动的速度主要指挥拍速度、出手速度、反应速度、场上移动速度等。速度练习是为了能在比赛中取得主动，获得进攻的机会，使进攻与防守、前场与后场、拍与拍之间体现出一个快字，并保持连贯、衔接紧凑，以防止脱节、松散。因此，必须重视速度素质的训练。

（一）反应速度的练习

反应速度指人体对各种信号刺激的快速应答能力。体现在羽毛球运动中，反应速度更多的是对对方回球路线的预判和反应。羽毛球运动反应速度的练习多采用以下方法。

1. 听口令转身起跑练习

背向起跑线，采用蹲踞式、坐式或站式等起跑姿势，当听到口令后立即转身启动向前冲刺跑。

2. 看手势起跑练习

以手势代替起跑口令，训练者看到手势后立即启动向前冲刺跑。

3. 视听信号变速冲刺跑练习

训练者慢跑中看到或听到信号后，立即向规定的方向冲刺跑，再次得到信号后恢复慢跑，第三次得到信号后再开始冲刺跑，如此反复练习。

（二）移动速度的练习

羽毛球运动的特点要求参与者必须有反复快速的移动能力才能适应比赛，这之中除了对各种滑步、蹬步、弹跳的速度有要求外，更强调启动与回动的速度。羽毛球运动移动速度的练习多采用以下方法。

1. 不同距离的直线冲跑练习

（1）10 米冲刺跑练习，训练从静止到迅速加速的能力。

（2）30 米加速跑练习，训练起跑后持续加速的能力。

（3）60 米途中跑练习，训练将达到的最快速度保持一定时间的能力。

（4）100 米冲刺跑练习，训练途中跑获得的速度不仅不能下降，还要尽可能地有所加快的能力。

（5）200 米、400 米中距离跑练习，训练提高速度耐力的能力。

2. 往返冲跑练习

（1）5 米、8 米、10 米或 15 米往返跑练习。接近终点时不能减速，应保持最快的速度立即转身折返跑。

（2）10 米前后冲跑练习。从起点快速跑至终点，再由终点快速后退跑至起点，如此反复练习。

（3）10 米左右侧向并步跑练习。先以右脚在前、左脚在后并步侧向跑至终点，再以左脚在前、右脚在后并步侧向跑回起点。练习时可以用直立姿势或半蹲姿势跑，无论用哪种姿势，都要求以最快的速度完成。

（三）动作速度的练习

1. 快速跑跳台阶练习

（1）1 级台阶快速小密步上下往返跑。以最快的小密步频率，从台阶底层一步一级地跑到顶层，然后迅速转身，再以同样的频率和方法跑回底层。如此反复练习，以锻炼腿部力量和动作速度。练习时，要以前脚掌和踝关节发力，抬腿的高度以刚刚越过台阶的高度为宜。

（2）2—3 级台阶交叉蹬跨步跑。从台阶底层往上冲跑，每步跨越 2—3 级台阶。练习时，前腿充分抬高，后腿充分后蹬，要有一定的节奏和弹性。

（3）1 级台阶单脚快速跳。以单脚快速地由台阶底层一步一级地跳到顶层，然后跑回底层，再换另一只脚跳，如此反复练习，动作频率要快。

（4）1级台阶双脚快速跳。练习方法同单脚快速跳，只是改用双脚跳。

2. 下坡冲跑练习

选择平坦、有一定倾斜度的坡，进行短距离下坡冲跑练，练习时要强迫自己加快步频和速度。

3. 快速超越障碍物练习

以规定的动作方式，快速迂回绕过 60 米距离中放置的障碍物，或以快速跨越动作越过有一定高度的障碍物。

三、耐力练习方法

耐力是指人体长时间进行肌肉活动的能力，是体力和意志的表现。在羽毛球运动中，参与者必须具备良好的耐力，才能承受住紧张激烈和长时间的比赛，并在最后阶段获得胜利。而羽毛球运动的特点决定了它所需要的耐力素质主要是速度耐力，即以快速反复多次运动的能力为主。耐力练习对羽毛球运动很有必要。

（一）基础耐力素质训练的方法

中长跑是提高耐力最常用的方法。

（1）400 米、800 米中距离快速跑步。保持一定的速度，以发展速度耐力。

（2）1500 米、3000 米、5000 米长距离跑步。这一项锻炼的是基础耐久能力。

（3）长距离变速跑。在相当的距离内，如 2000 米、3000 米或 5000 米及以上，采用快慢交替的方式进行变速跑。

（4）越野跑。在郊外，规定一定的时间和距离进行长跑，并利用重量、多次数的方法交替进行变速跑练习，发展力量耐力。

（二）各种距离变速跑练习

提高耐力的练习，除了中长跑外，还有各种距离的变速跑。这种变速跑练习既能提高耐力，又能提高反应速度。

（1）10—15 米或 15—20 米短距离往返跑练习。

（2）长距离、长时间地绕羽毛球场地四边跑练习，在此期间，练习者听到信号后迅速转身向相反的方向跑。

（三）专项及综合步法练习

练习者应根据指挥者的手势进行各种步法的练习，如前场上网步法、中场接杀步法、后场后退步法以及全场范围内的综合步法等。

四、多球练习

多球训练是我国几十年来经广大羽毛球教练员、运动员的训练实践总结出来的一种行之有效的训练方法，高质量的多球练习可以有效地规范、强化某一技术动作，并让练习者快速、熟练地掌握击球的感觉。而在训练条件不充足的情况下，采用多球练习的训练方法将会事半功倍。同时，在加强专项体能训练方面，多球练习也起着至关重要的作用。

（一）多球练习的作用

1. 有利于规范技术动作，形成动作定型

羽毛球运动中的多球训练是在练习者掌握了一定的技术动作之后进行的强化训练。初学者经常出现技术动作僵硬、不连贯、不协调等问题，通过多球训练进行同样条件的连续刺激，能够让初学者建立起条件反射，更快、更

好地改进技术动作，从而形成正确的动作定型，提高击球的成功率。同时，多球训练的密度高、强度大，在一定的时间内进行有效的多球训练，能够达到在短时间内提高初学者动作规范性的效果。

2. 有利于培养技术动作的节奏感

羽毛球运动中的节奏感，是指在比赛过程中对于击球力度、运动幅度、击球速度等方面的变化所产生的感觉能力。羽毛球运动具有技术性强、对抗性激烈等特点，因此对参与者的速度、体能、耐力等方面也有着较高的要求。在羽毛球运动中，通常会有多次的反复性的间歇，这就要求参与者在击球或者移动的过程中，能够抓住节奏，并且通过掌握节奏来预判羽毛球的路线和落点。在多球训练的过程中，可以通过供球的速度、频率、力量、落点及路线等方面的训练，让练习者感受到羽毛球的各种不同技术组合的节奏，并在一段时间的训练之后，形成属于自己的动作体系。

3. 有利于加强步法的连续性

多球训练有较好的连续性，在连续的训练过程中，练习者可以实现连续跑动，这样便可以很好地刺激练习者的上网和退后场的速度。同时，在多球训练中，通过适当提高供球的速度可以强化练习者的直线移动速度。总之，多球训练的有效落实，能够加强练习者使用前场步法、中场步法、后场步法的连续性，同时，也有利于练习者综合素质的提高。

4. 有利于提高专项耐力、速度和力量

羽毛球运动具有强度高、速度快等特点，对参与者的动作、身法、协调性等方面有较高的要求。通过多球训练，可以有效提高练习者的挥拍速度、步法速度、反应速度等，而这些是承受大负荷训练和高强度比赛的基础，是在训练和比赛中保持稳定、良好心理状态的基础。同时，通过多球训练，还可以极大地提高练习者的专项耐力、速度和力量，从而在很大程度上提高其比赛能力。

（二）多球练习的方法

羽毛球多球练习的方法主要有定点击球、移动击球、一球一击、多球单练四种形式。供球者通过对球的数量、速度、落点等进行控制，可以有效帮助练习者提高身体素质、动作技术等。

1. 定点击球

定点击球是指供球者将球连续不断地发到某一个点上，练习者在一个固定的位置回击来球。定点击球可以使练习者很快掌握技术动作的要领，帮助练习者掌握和巩固基础技术动作。在这样多次重复的练习中，练习者的技术动作可以形成正确的定型，从而可以有效控制肌肉，进一步产生肌肉记忆。进行定点击球练习时，要注意适当变换技术动作和发球速度。

2. 移动击球

移动击球是与定点击球相反的多球练习方法，供球者在发球的时候，每一次都要改变发球的位置，练习者要在第一时间快速移动，才能够击到球。这种训练方法适用于掌握基本技术和步法的人，它可以充分提升其移动速度，提升其身体的稳定性、连贯性与灵活性。

3. 一球一击

一球一击是指供球者及时、持续不断地给练习者发球，练习者在训练过程中连续接球。在这种形式的训练中，供球者要确保供球的连续性和速度，通过对羽毛球飞行速度及角度的改变，让练习者快速移动位置。在一球一击的训练中，练习者的休息时间很短，需要大力、快速地击球，这种训练方式有很大的训练难度和很强的训练负荷，重点训练练习者的移动速度、击球力量和击球速度。

4. 多球单练

多球单练是指供球者与练习者相互对击，直到该球失误，再发出下一个球继续对练。这种形式的多球训练，能够使练习者拥有足够的时间，从而更好地准备击球以及适应节奏变化。练习者经过反复挥拍击球，可建立和巩固基本技术，加快动作的改进，加强击球的连贯性。

（三）多球练习的送球方式

进行多球练习时，送球方式通常有手抛球送球和球拍送球两种。

1. 手抛球送球

手抛球送球更加适用于网前技术的练习。在练习的整个过程中，手抛球送球相对来说稳定性更高，对于初学者互相送球的练习来说更加合适。当模拟对手放网前球时，手抛球的方向为由下至上；模拟吊球和杀球时，手抛球的方向恰好相反。此外，还可以通过手抛球的高度变化以及故意制造球头翻转来增加练习者回球的难度。

2. 球拍送球

球拍送球多用在底线技术和组合技术的练习中。球拍送球时，要注意送球的节奏、质量以及每组的数量和间歇时间。球拍送球需要一定的技术，需要长时间的练习才能够掌握送球的技巧，这也是教练员必须掌握的一种训练手段。

按具体方法来分，球拍送球有独自一人送球和助理递球送球两种。独自一人送球时，供球者要一手持一串球，另一手握拍发球。送球方式为球头朝下，排成一串靠在手臂上，持拍手握拍的同时从这一串球的下方取球，将球抛起后挥拍送球。这种送球方式的优点是一人操作即可，送球速度快，但是由于非持拍手中拿着一长串球，想要模拟扣杀就比较困难。而对于助理递球送球来说，供球者只需从助理手中取球即可送球，两个人配合默契即可。

（四）多球练习需要注意的问题

多球训练的本质是尽量模拟比赛中的对抗情境，达到从实战出发，从难、从严，科学加大运动量的训练目标。羽毛球运动爱好者们在进行多球训练时，最为常见的问题就是脱离实战需要，因此要注意以下几点。

1. 注意送球的线路与落点

多球练习中，送球线路要尽量模拟比赛中羽毛球可能出现的飞行轨迹、弧线和落点。比如，在练习网前扑球时，供球者为避免被飞过来的球击中，往往会选择站在场边向场内抛球，这样势必会造成球由场外向场地飞行的轨迹。这种情况在比赛中是不会出现的，所以即使供球者站在场外抛球，也要尽量将球抛出直上直下或由场内向场外飞行的轨迹。再比如，练习杀球上网组合技术时，由于供球者担心对手会将球拍到自己身上，经常会要求练习者杀球至供球者旁边的场区，接着送出一个网前球，这与实际比赛情况也是不符的。无论送出的网前球是直线还是斜线，都应该由杀球落点区域回出，这样才更贴近实战情况。

2. 注意送球的节奏与时机

送球时，以什么样的节奏送球也应取决于模拟实战的需要。有的供球者在练习时，一味地追求速度，忽视了实战中实际对抗的回球节奏，往往刚刚送了一球就又开始下一个球，使得练习者疲于应付，技术动作不到位，更谈不上回球质量了。此外，送球的难度也要根据练习者完成上一球的情况来决定。如果上一个后场球回球很被动，则下一个网前球难度要适当降低，可以弧度稍高一些或离球网稍远一些，要让练习者通过努力可以完成技术动作。

3. 合理控制训练的强度

羽毛球是一项间歇性运动，是短时间的高强度运动和间歇不断交替的过程，其中运动时间和间歇时间之比大约为1:2。一场高水平羽毛球比赛的持续时间一般在 30 分钟左右，双方对抗实力相当的比赛则有可能超过 1 小时。运动时间在 10 秒以内的球占 4/5，正常死球到下一次发球的时间平均为 12 秒左右。以上这些数据为我们提供了一个运动训练量与强度的标准，即每组球的数量大约为 20 个，这样可以让练习者持续运动的时间基本控制在 10 秒以内。对于供球着来说，组间歇时间控制在 30 秒以内即可，每次练习总量控制在 10 组以内。

第六节　羽毛球单打球路的练习方法

羽毛球单打球路练习就是把两种或两种以上的基本技术，通过一定的路线组合在一起进行练习。在练习的时候，可以规定回球的路线、落点，也可以不固定练习。在羽毛球运动的学习和练习中，对一些球路进行有针对性的练习，将有助于把已经掌握的基本技术有机地结合起来运用，同时可以把前场和后场、进攻与防守、直线与斜线等技术结合起来加以熟悉、巩固和提高。常见的单打球路包括高吊球路、高杀球路、吊杀球路、杀上网球路和吊上网球路等，这一节就介绍关于这几种球路的练习方法。

一、高吊球路

（一）固定高吊练习

固定高吊练习主要介绍在右后场区（正手击球）和左后场区（头顶击球）位置的高吊球练习。要注意，无论哪个位置的高吊练习，每击球一次后都要向球场中心位置移动；无论用直线还是斜线回击来球，落点都要尽量靠近对方场区的边线，以最大限度地调动对手在最大范围内移动。

1. 右后场区位置（正手）的高吊球练习

（1）正手直线高吊练习。如图 4-76 所示，甲站在右场区底线与边线附近位置（正手底线）A 处，把球分别打到乙的左后场区底线位置 B 处和左前场区位置 C 处；乙将甲打过来的球分别从位置 B 处和 C 处还击到甲的正手底线位置 A 处，让甲在基本不移动的情况下完成直线高球和吊球的练习。

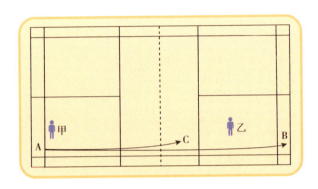

图 4-76　正手直线高吊练习示意图

（2）正手斜线高吊练习。如图 4-77 所示，甲站在右场区底线与边线附近位置（正手底线）A 处，把球分别打到乙的右后场区底线位置 B 处和右前场区位置 C 处；乙将甲打过来的球分别从位置 B 处和 C 处还击到甲的正手底线位置 A 处，让甲在基本不移动的情况下完成斜线高球和吊球的练习。

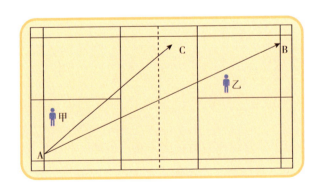

图 4-77　正手斜线高吊练习示意图

（3）正手直线高球、斜线吊球练习。如图 4-78 所示，甲站在右场区底线与边线附近位置（正手底线）A 处，把球分别打到乙的左后场区底线位置 B 处和右前场区位置 C 处；乙将甲打过来的球分别从位置 B 处和 C 处还击到甲的正手底线位置 A 处，让甲在基本不移动的情况下完成直线高球和斜线吊球的练习。

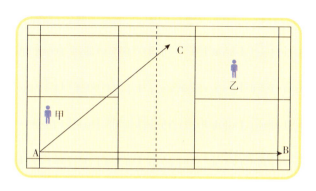

图 4-78　正手直线高球、斜线吊球练习示意图

（4）正手斜线高球、直线吊球练习。如图 4-79 所示，甲站在右场区底线与边线附近位置（正手底线）A 处，把球分别打到乙的右后场区底线位置 B 处和左前场区位置 C 处；乙将甲打过来的球分别从位置 B 处和 C 处还击到甲的正手底线位置 A 处，让甲在基本不移动的情况下完成斜线高球和直线吊球的练习。

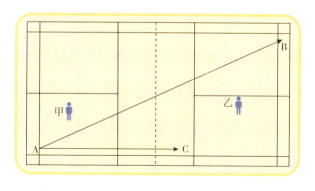

图 4-79　正手斜线高球、直线吊球练习示意图

（5）正手直线、斜线的高吊球练习。如图 4-80 所示，甲站在右场区底线与边线附近位置（正手底线）A 处，把球分别打到乙的左后场区底线位置 B 处、右后场区位置 C 处、左前场区位置 D 处和右前场区位置 E 处；乙将甲打到以上四个落点的球分别还击到甲的正手底线位置 A 处，让甲在基本不移动的情况下完成直线高球和直线、斜线吊球的练习。

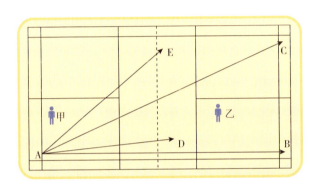

图 4-80　正手直线、斜线的高吊球练习示意图

2. 左后场区位置（头顶）的高吊球练习

（1）头顶直线高吊球练习。如图 4-81 所示，甲站在左场区底线与边线附近位置 A 处，把球分别打到乙的右后场区底线位置 B 处和右前场区位置 C 处；乙将甲打过来的球分别从位置 B 处和 C 处还击到甲的左后场区位置 A 处，让甲在基本不移动的情况下完成直线高球和直线吊球的练习。

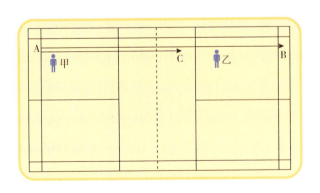

图 4-81　头顶直线高吊球练习示意图

（2）头顶斜线高吊球练习。如图 4-82 所示，甲站在左场区底线与边线附近位置 A 处，把球分别打到乙的左后场区底线位置 B 处和左前场区位置 C 处；乙将甲打过来的球分别从位置 B 处和 C 处还击到甲的左后场区位置 A 处，让甲在基本不移动的情况下完成斜线高球和斜线吊球的练习。

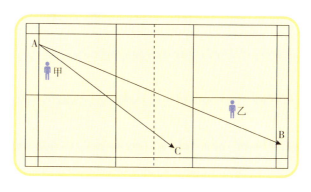

图 4-82　头顶直线高吊球练习示意图

（3）头顶直线高球、斜线吊球练习。如图 4-83 所示，甲站在左场区底线与边线附近位置 A 处，把球分别打到乙的右后场区底线位置 B 处和左前场区位置 C 处；乙将甲打过来的球分别从位置 B 处和 C 处还击到甲的左后场区位置 A 处，让甲在基本不移动的情况下完成直线高球和斜线吊球的练习。

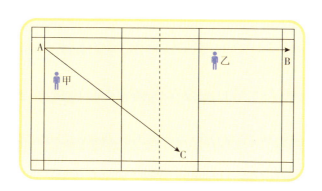

图 4-83　头顶直线高球、斜线吊球练习示意图

（4）头顶斜线高球、直线吊球练习。如图 4-84 所示，甲站在左场区底线与边线附近位置 A 处，把球分别打到乙的左后场区底线位置 B 处和右前场区

位置 C 处；乙将甲打过来的球分别从位置 B 处和 C 处还击到甲的左后场区位置 A 处，让甲在基本不移动的情况下完成斜线高球和直线吊球的练习。

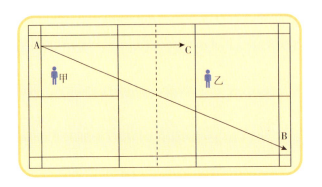

图 4-84　头顶斜线高球、直线吊球练习示意图

（5）头顶直线、斜线高吊球练习。如图 4-85 所示，甲站在左场区底线与边线附近位置 A 处，把球分别打到乙的右后场区底线位置 B 处、左后场区底线位置 C 处、右前场区位置 D 处和左前场区位置 E 处；乙将甲打到以上四个落点的球分别还击到甲的左后场区底线位置 A 处，让甲在基本不移动的情况下完成直线和斜线高球、直线和斜线吊球的练习。

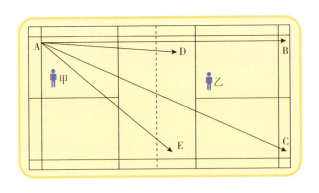

图 4-85　头顶直线、斜线高吊球练习示意图

注意：在左后场区位置（头顶）的练习中，初学阶段的练习者建议用头顶技术去完成每一个击球动作，在头顶高吊击球技术较为熟练之后，再用反手击球技术完成该位置的高吊球练习。

（二）不固定高吊练习

1. 两点移动高吊左场区

如图 4-86 所示，甲站在右场区底线与边线附近位置 A 处，用直线高球把球打到乙的左后场区底线位置 C 处，用直线吊球把球打到乙的左前场区位置 D 处；甲在左场区底线与边线附近位置 B 处，用斜线高球把球打到乙的左后场区底线位置 C 处，用斜线吊球把球打到乙的左前场区位置 D 处；乙则将甲击到位置 C 处和 D 处的球分别还击到甲的两个底线位置 A 处和 B 处，让甲在底线移动中对乙的左场区进行高吊球练习。甲每回击一次球后都应该适当地向球场中心位置回动。

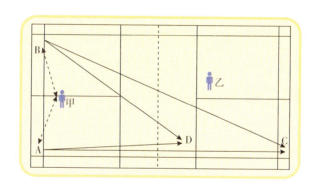

图 4-86 两点移动高吊左场区示意图

2. 两点移动高吊右场区

如图 4-87 所示，甲站在左场区底线与边线附近位置 A 处，用直线高球把球打到乙的右后场区底线位置 C 处，用直线吊球把球打到乙的右前场区位置 D 处；甲在右场区底线与边线附近位置 B 处，用斜线高球把球打到乙的右后场区底线位置 C 处，用斜线吊球把球打到乙的右前场区位置 D 处；乙则将甲击到位置 C 处和 D 处的球分别还击到甲的两个底线位置 A 处和 B 处，让甲在底线移动中对乙的右场区进行高吊球练习。甲每回击一次球后都应该适当地向球场中心位置回动。

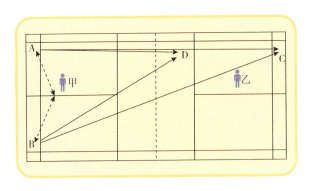

图 4-87　两点移动高吊右场区示意图

3. 两点移动直线、斜线高吊左后场和右前场

如图 4-88 所示，甲不论是站在右场区底线与边线附近位置 A 处，还是站在左场区底线与边线附近位置 B 处，均将球打到乙的左后场区位置 C 处或右前场区位置 D 处；乙则将甲击到位置 C 处或 D 处的球分别还击到甲的两个底线位置 A 处和 B 处，让甲在底线移动中对乙的左后场区和右前场区进行直线、斜线高吊球练习。甲每回击一次球后都应该适当地向球场中心位置回动。

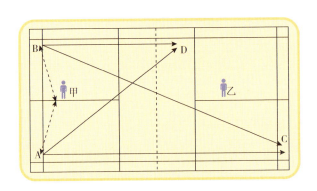

图 4-88　两点移动直线、斜线高吊左后场和右前场示意图

4. 两点移动直线、斜线高吊右后场和左前场

如图 4-89 所示，甲不论是站在右场区底线与边线附近位置 A 处，还是站在左场区底线与边线附近位置 B 处，均将球打到乙的右后场区位置 C 处或左前场区位置 D 处；乙则将甲击到位置 C 处或 D 处的球分别还击到甲的两个

底线位置 A 处和 B 处，让甲在底线移动中对乙的右后场区和左前场区进行直线、斜线高吊球练习。甲每回击一次球后都应该适当地向球场中心位置回动。

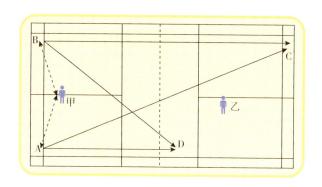

图 4-89　两点移动直线、斜线高吊右后场和左前场示意图

5. 两点打四点

甲不论是站在右场区底线与边线附近位置，还是站在左场区底线与边线附近位置，均可以任意将球打到乙的左后场、左前场、右后场或右前场这四个区域内的任何一个点上，而乙则可以将这些来球还击到甲的右场区底线位置或左场区底线位置中的任何一个点，让甲在底线移动中对全场进行直线和斜线高球与吊球的练习。甲每回击一次球后都应该适当地向球场中心位置回动。

二、高杀球路

（一）直线高球杀直线

1. 右后场直线高球杀直线

如图 4-90 所示，乙把球发到甲的右后场区位置 A 处，甲在位置 A 处用直线高球将乙发过来的球打到乙的左后场区位置 B 处，乙还击甲的后场直线高球到位置 A 处，甲杀直线球到位置 C 处，乙将甲杀过来的球挑到位置 A

处，甲再回直线后场高球到位置 B 处。如此反复练习，直到球落地为止。

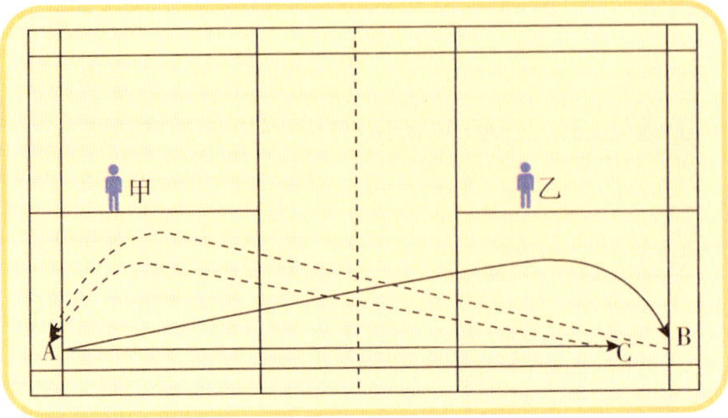

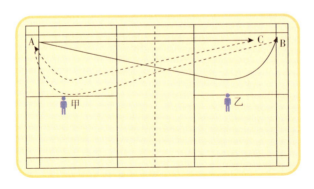

图 4-90　右后场直线高球杀直线示意图

2. 左后场直线高球杀直线

如图 4-91 所示，乙把球发到甲的左后场区位置 A 处，甲在位置 A 处用直线高球将乙发过来的球打到乙的右后场区位置 B 处，乙还击甲的后场直线高球到位置 A 处，甲杀直线球到位置 C 处，乙将甲杀过来的球挑到位置 A 处，甲再回直线后场高球到位置 B 处。如此反复练习，直到球落地为止。

图 4-91　左后场直线高球杀直线示意图

（二）直线高球杀斜线

1. 右后场直线高球杀斜线

如图 4-92 所示，乙把球发到甲的右后场区位置 A 处，甲在位置 A 处用直线高球将乙发过来的球打到乙的左后场区位置 B 处，乙还击甲的后场直线高球到位置 A 处，甲杀斜线球到位置 C 处，乙将甲杀过来的球挑到位置 A 处，甲再回直线后场高球到位置 B 处。如此反复练习，直到球落地为止。

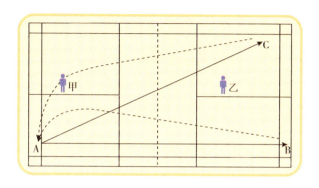

图 4-92　右后场直线高球杀斜线示意图

2. 左后场直线高球杀斜线

如图 4-93 所示，乙把球发到甲的左后场区位置 A 处，甲在位置 A 处用直线高球将乙发过来的球打到乙的右后场区位置 B 处，乙还击甲的后场直线高球到位置 A 处，甲杀斜线球到位置 C 处，乙将甲杀过来的球挑到位置 A 处，甲再回直线后场高球到位置 B 处。如此反复练习，直到球落地为止。

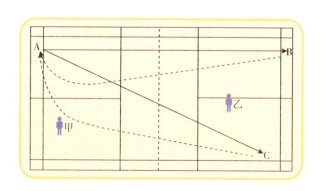

图 4-93　左后场直线高球杀斜线示意图

（三）斜线高球杀直线

1. 右后场斜线高球杀直线

如图 4-94 所示，乙把球发到甲的右后场区位置 A 处，甲在位置 A 处用斜线高球将乙发过来的球打到乙的右后场区位置 B 处，乙还击甲的后场斜线高球到位置 A 处，甲杀直线球到位置 C 处，乙将甲杀过来的球挑到位置 A 处，甲再回斜线后场高球到位置 B 处。如此反复练习，直到球落地为止。

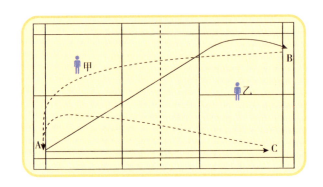

图 4-94　右后场斜线高球杀直线示意图

2. 左后场斜线高球杀直线

如图 4-95 所示，乙把球发到甲的左后场区位置 A 处，甲在位置 A 处用斜线高球将乙发过来的球打到乙的左后场区位置 B 处，乙还击甲的后场斜线高球到位置 A 处，甲杀直线球到位置 C 处，乙将甲杀过来的球挑到位置 A 处，甲再回斜线后场高球到位置 B 处。如此反复练习，直到球落地为止。

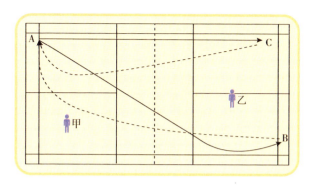

图 4-95 左后场斜线高球杀直线示意图

（四）斜线高球杀斜线

1. 右后场斜线高球杀斜线

如图 4-96 所示，乙把球发到甲的右后场区位置 A 处，甲在位置 A 处用斜线高球将乙发过来的球打到乙的右后场区位置 B 处，乙还击甲的后场斜线高球到位置 A 处，甲杀斜线球到位置 C 处，乙将甲杀过来的球挑到位置 A 处，甲再回斜线后场高球到位置 B 处。如此反复练习，直到球落地为止。

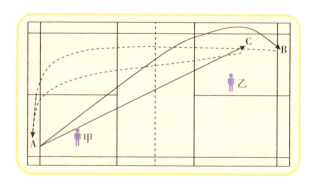

图 4-96 右后场斜线高球杀斜线示意图

2. 左后场斜线高球杀斜线

如图 4-97 所示，乙把球发到甲的左后场区位置 A 处，甲在位置 A 处用斜线高球将乙发过来的球打到乙的左后场区位置 B 处，乙还击甲的后场斜线高球到位置 A 处，甲杀斜线球到位置 C 处，乙将甲杀过来的球挑到位置 A 处，甲再回斜线后场高球到位置 B 处。如此反复练习，直到球落地为止。

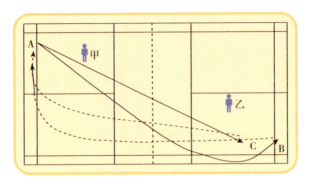

图 4-97　左后场斜线高球杀斜线示意图

三、吊杀球路

（一）吊直线杀直线

1. 右后场吊直线杀直线

如图 4-98 所示，乙把球发到甲的右后场区位置 A 处，甲在位置 A 处将乙发过来的球吊到乙的左前场区位置 C 处，乙把甲吊到位置 C 处的球挑到甲的后场位置 A 处，甲杀直线球到乙的左场区位置 B 处，乙再将甲打过来的球挑到位置 A 处。如此反复练习，直到球落地为止。

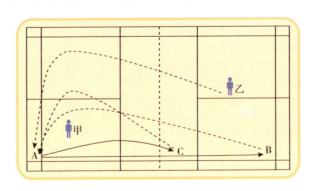

图 4-98　右后场吊直线杀直线示意图

2. 左后场吊直线杀直线

如图 4-99 所示，乙把球发到甲的左后场区位置 A 处，甲在位置 A 处将乙发过来的球吊到乙的右前场区位置 C 处，乙把甲吊到位置 C 处的球挑到甲的后场位置 A 处，甲杀直线球到乙的右场区位置 B 处，乙再将甲打过来的球挑到位置 A 处。如此反复练习，直到球落地为止。

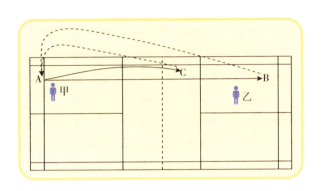

图 4-99　左后场吊直线杀直线示意图

（二）吊直线杀斜线

1. 右后场吊直线杀斜线

如图 4-100 所示，乙把球发到甲的右后场区位置 A 处，甲在位置 A 处将乙发过来的球吊到乙的左前场区位置 C 处，乙把甲吊到位置 C 处的球挑到甲的后场位置 A 处，甲杀斜线球到乙的右场区位置 B 处，乙再将甲打过来的球挑到位置 A 处。如此反复练习，直到球落地为止。

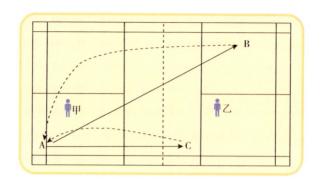

图 4-100 右后场吊直线杀斜线示意图一

2. 左后场吊直线杀斜线

如图 4-101 所示，乙把球发到甲的左后场区位置 A 处，甲在位置 A 处将乙发过来的球吊到乙的右前场区位置 C 处，乙把甲吊到位置 C 处的球挑到甲的后场位置 A 处，甲杀斜线球到乙的左场区位置 B 处，乙再将甲打过来的球挑到位置 A 处。如此反复练习，直到球落地为止。

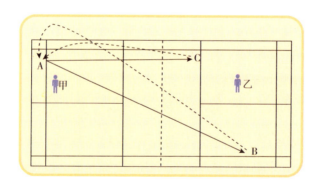

图 4-101 左后场吊直线杀斜线示意图

（三）吊斜线杀直线

1. 右后场吊斜线杀直线

如图 4-102 所示，乙把球发到甲的右后场区位置 A 处，甲在位置 A 处将乙发过来的球吊到乙的右前场区位置 C 处，乙把甲吊到位置 C 处的球挑到甲的后场位置 A 处，甲杀直线球到乙的左场区位置 B 处，乙再将甲打过来的球挑到位置 A 处。如此反复练习，直到球落地为止。

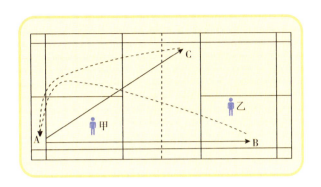

图 4-102　右后场吊斜线杀直线示意图

2. 左后场吊斜线杀直线

如图 4-103 所示，乙把球发到甲的左后场区位置 A 处，甲在位置 A 处将乙发过来的球吊到乙的左前场区位置 C 处，乙把甲吊到位置 C 处的球挑到甲的后场位置 A 处，甲杀直线球到乙的右场区位置 B 处，乙再将甲打过来的球挑到位置 A 处。如此反复练习，直到球落地为止。

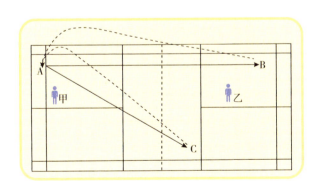

图 4-103　左后场吊斜线杀直线示意图

（四）吊斜线杀斜线

1. 右后场吊斜线杀斜线

如图 4-104 所示，乙把球发到甲的右后场区位置 A 处，甲在位置 A 处将乙发过来的球吊到乙的右前场区位置 C 处，乙把甲吊到位置 C 处的球挑到甲的后场位置 A 处，甲杀斜线球到乙的右场区位置 B 处，乙再将甲打过来的球挑到位置 A 处。如此反复练习，直到球落地为止。

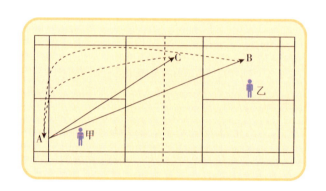

图 4-104　右后场吊斜线杀斜线示意图

2. 左后场吊斜线杀斜线

如图 4-105 所示，乙把球发到甲的左后场区位置 A 处，甲在位置 A 处将乙发过来的球吊到乙的左前场区位置 C 处，乙把甲吊到位置 C 处的球挑到甲的后场位置 A 处，甲杀斜线球到乙的左场区位置 B 处，乙再将甲打过来的球挑到位置 A 处。如此反复练习，直到球落地为止。

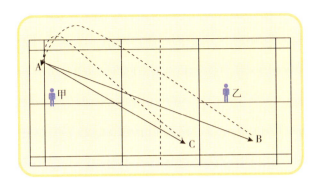

图 4-105 左后场吊斜线杀斜线示意图

四、杀上网球路

（一）固定杀上网练习

1. 直线高球杀直线上网

（1）右场区直线高球杀直线上网。如图 4-106 所示，甲站在右场区底线与边线附近位置 A 处，乙从左场区发后场高球到甲的右场区位置 A 处，甲在位置 A 处进行直线后场高球 B 和杀直线球 C 的练习；乙则将甲的直线后场高球 B 回击到甲的右后场区底线位置 A 处，将甲杀过来的直线球 C 还击到甲的网前位置 D 处；甲从后场上网到网前位置 D 处将球搓到乙的左前场网前位置 E 处，乙在位置 E 处将来球用直线高球挑回到甲的右后场区底线位置 A 处，让甲进行还击。如此反复练习，直到球落地为止。

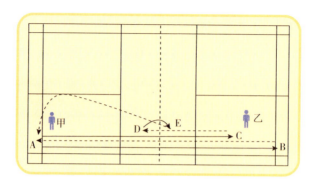

图 4-106　右场区直线高球杀直线上网示意图

（2）左场区直线高球杀直线上网。如图 4-107 所示，甲站在左场区底线与边线附近位置 A 处，乙从右场区发后场高球到甲的左场区位置 A 处，甲在位置 A 处进行直线后场高球 B 和杀直线球 C 的练习；乙则将甲的直线后场高球 B 回击到甲的左后场区底线位置 A 处，将甲杀过来的直线球 C 还击到甲的网前位置 D 处；甲从后场上网到网前位置 D 处将球搓到乙的右前场网前位置 E 处，乙在位置 E 处将来球用直线高球挑回到甲的左后场区底线位置 A 处，让甲进行还击。如此反复练习，直到球落地为止。

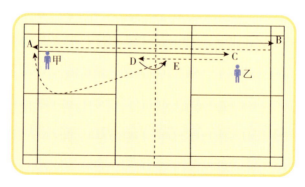

图 4-107　左场区直线高球杀直线上网示意图

2. 直线高球杀斜线上网

（1）右场区直线高球杀斜线上网。如图 4-108 所示，甲站在右场区底线与边线附近位置 A 处，进行直线高球 B 和斜线杀球 C 的练习；乙从位置 B 处直接将球打到甲的右后场区底线位置 A 处，在位置 C 处将甲杀过来的球用直线球还击到甲的网前位置 D 处；甲上网到网前位置 D 处将球搓到乙的网前位置 E 处，乙再从位置 E 处将球挑到甲的右后场区底线位置 A 处，让甲进行还击。如此反复练习，直到球落地为止。

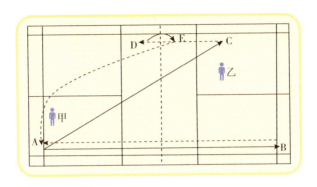

图 4-108　右场区直线高球杀斜线上网示意图

（2）左场区直线高球杀斜线上网。如图 4-109 所示，甲站在左场区底线与边线附近位置 A 处，进行直线高球 B 和斜线杀球 C 的练习；乙从位置 B 处直接将球打到甲的左后场区底线位置 A 处，在位置 C 处将甲杀过来的斜线球用直线球还击到甲的网前位置 D 处；甲上网到网前位置 D 处将球搓到乙的网前位置 E 处，乙再从位置 E 处将球挑到甲的左后场区底线位置 A 处，让甲进行还击。如此反复练习，直到球落地为止。

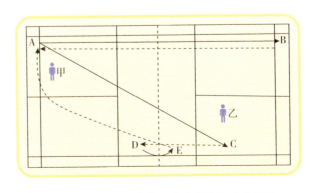

图 4-109　左场区直线高球杀斜线上网示意图

3. 斜线高球杀直线上网

（1）右场区斜线高球杀直线上网。如图 4-110 所示，甲站在右场区底线与边线附近位置 A 处，进行斜线高球 B 和直线杀球 C 的练习；乙将甲打到位置 B 处的高球还击到甲的右后场区底线位置 A 处，将甲杀到位置 C 处的球还击到甲的右前场区位置 D 处；甲上网到网前位置 D 处将球搓到乙的左前场区位置 E 处，乙再从从位置 E 处用直线高球将球挑回到甲的右后场区底线位置 A 处，让甲进行还击。如此反复练习，直到球落地为止。

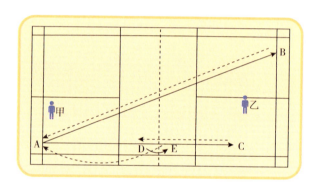

图 4-110　右场区斜线高球杀直线上网示意图

（2）左场区斜线高球杀直线上网。如图 4-111 所示，甲站在左场区底线与边线附近位置 A 处，进行斜线高球 B 和直线杀球 C 的练习；乙将甲打到位置 B 处的高球还击到甲的左后场区底线位置 A 处，将甲杀到位置 C 处的球还击到甲的左前场区位置 D 处；甲上网到网前位置 D 处将球搓到乙的右前场区位置 E 处，乙再从位置 E 处用直线高球将球挑回到甲的左后场区底线位置 A 处，让甲进行还击。如此反复练习，直到球落地为止。

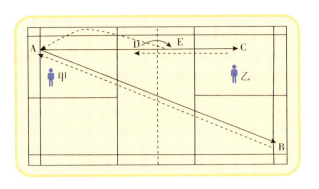

图 4-111　左场区斜线高球杀直线上网示意图

4. 斜线高球杀斜线上网

（1）右场区斜线高球杀斜线上网。如图 4-112 所示，甲站在右场区底线与边线附近位置 A 处，进行斜线高球 B 和斜线杀球 C 的练习；乙将甲打到位置 B 处的高球还击到甲的右后场区底线位置 A 处，将甲杀到位置 C 处的球还击到甲的左前场区位置 D 处；甲上网到网前位置 D 处将球搓到乙的右前场区位置 E 处，乙再从位置 E 处用斜线高球将球挑回到甲的右后场区底线位置 A 处，让甲进行还击。如此反复练习，直到球落地为止。

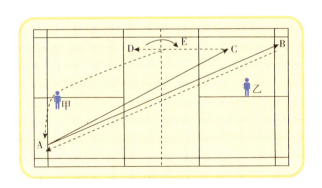

图 4-112　右场区斜线高球杀斜线上网示意图

（2）左场区斜线高球杀斜线上网。如图 4-113 所示，甲站在左场区底线与边线附近位置 A 处，进行斜线高球 B 和斜线杀球 C 的练习；乙将甲打到位置 B 处的高球还击到甲的左后场区底线位置 A 处，将甲杀到位置 C 处的球还击到甲的右前场区位置 D 处；甲上网到网前位置 D 处将球搓或放到乙的左前场区位置 E 处，乙再从位置 E 处用斜线高球将球挑回到甲的左后场区底线位置 A 处，让甲进行还击。如此反复练习，直到球落地为止。

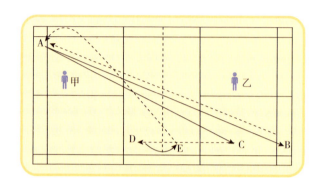

图 4-113　左场区斜线高球杀斜线上网示意图

（二）半固定或不固定杀上网练习

1. 两点移动高、杀上网

如图 4-114 所示，甲在后场底线与边线附近两点位置 A 处或 B 处，把球打到乙的左后场区位置 C 处和杀到乙的右场区边线位置 D 处；乙在位置 C 处将甲打到左后场区的高球任意还击到甲的两个点位置 A 处或 B 处上，在位置 D 处接杀勾对角线，将甲杀到位置 D 处的球勾到甲的右前场区位置 E 处；甲上网到网前位置 E 处，将球搓或放到乙的左前场区位置 F 处，乙在位置 F 处任意将球击到甲的两底角位置 A 处或 B 处，让甲在位置 A、位置 B 两点上进行移动中的还击。甲每击完一次球后须向球场中心位置回动。

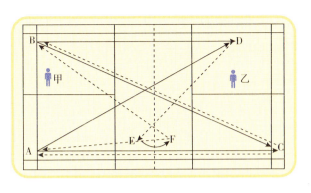

图 4-114 两点移动高、杀上网示意图

2. 半固定、高杀上网

如图 4-115 所示，甲发后场高远球，乙在后场还击斜线后场高球 1；甲回直线后场高球 2，乙重复直线后场高球 3；甲杀斜线球 4，乙接杀挡网前 5；甲上网搓球 6，乙在网前挑直线后场高球 7；甲还击直线高球 8，乙重复直线后场高球 9；甲杀斜线 10；乙在右场区重复左场区第 5、第 7 拍的球路，将球回到甲的左后场区底线位置，甲重复第 2 拍以后的球路。如此反复练习，直到球落地为止。

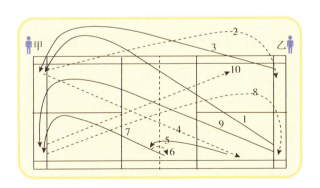

图 4-115 半固定、高杀上网示意图

注：虚线为甲的回球路线，实线为乙的回球路线。

3. 高杀对接高杀

甲为主练，只能使用高球或杀球技术来进攻，主要练习的是高杀进攻技术；乙为陪练，主要练习的是接高杀的全场防守。甲可以在后场任意打高球或平高球，但不得连续超过 3 拍，然后就必须杀球。对乙来说，如果甲打高球，乙必须也要还击高球；如果甲杀球，乙在接杀球的时候，可以选择接杀挡直线网前或者接杀勾对角线网前。这时，甲应当迅速上网，然后回放给乙网前球，乙在网前挑后场高球。如此反复练习，直到球落地为止。

4. 高杀对高杀

这是全场练习，练习者除了后场吊球技术以外，其他技术都可以使用。

五、吊上网球路

（一）固定吊上网练习

1. 直线吊上网练习

（1）正手底线直线吊上网。如图 4-116 所示，甲在正手底线位置 A 处站立，把乙发到位置 A 处的球吊到乙的左前场区位置 B 处；乙在网前将来球回放到甲的右前场区位置 C 处，甲从后场上网，将位置 C 处上的来球搓回到乙的左前场区位置 B 处，乙把甲搓过来的球挑到甲的正手后场底线位置 A 处。甲继续重复直线吊上网练习，直到球落地为止。

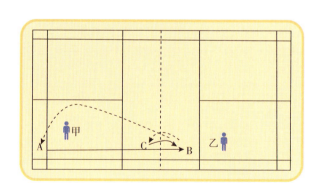

图 4-116　正手底线直线吊上网示意图

（2）头顶直线吊上网。如图4-117所示，甲在反手底线位置A处站立，把乙发到位置A处的球吊到乙的右前场区位置B处；乙在网前将来球回放到甲的左前场区位置C处，甲从后场上网，将位置C处上的来球搓回到乙的右前场区位置B处，乙把甲搓过来的球挑到甲的反手后场底线位置A处。甲继续重复直线吊上网练习，直到球落地为止。

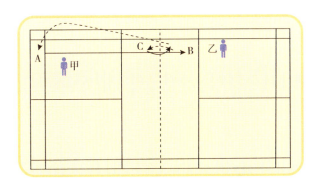

图4-117　头顶直线吊上网示意图

（3）直线高吊上网。如图4-118所示，甲在正手底线位置A处站立，把乙发到位置A处的球击后场高球到乙的左后场区位置B处；乙在位置B处将来球回击到甲的正手底线位置A处，甲在位置A处将来球吊到乙的左前场区位置C处；乙在网前位置C处把球放到甲的右前场区位置D处，甲从后场上网，将位置D处上的来球搓回到乙的左前场区位置C处，乙把甲搓过来的球挑到甲的正手后场底线位置A处。甲继续重复直线吊上网练习，直到球落地为止。

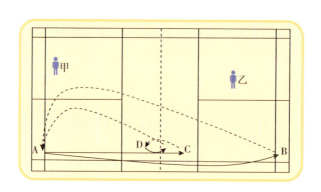

图 4-118　直线高吊上网示意图

2. 斜线吊上网练习

（1）正手底线斜线吊上网。如图 4-119 所示，甲在正手底线位置 A 处站立，把乙发到位置 A 处的球吊到乙的右前场区位置 B 处；乙在位置 B 处将来球回放到甲的左前场区位置 C 处，甲从后场上网，将位置 C 处上的来球搓或回放到乙的右前场区位置 B 处；乙在网前位置 B 处把甲搓或回放过来的球挑到甲的正手后场底线位置 A 处。甲继续重复斜线吊上网练习，直到球落地为止。

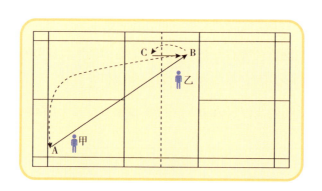

图 4-119　正手底线斜线吊上网示意图

（2）反手底线斜线吊上网。如图 4-120 所示，甲在反手底线位置 A 处站立，把乙发到位置 A 处的球吊到乙的左前场区位置 B 处；乙在位置 B 处将来球回放到甲的右前场区位置 C 处，甲从后场上网，将乙回放到位置 C 处上的来球搓或回放到乙的左前场区位置 B 处；乙在网前位置 B 处把来球挑到甲的反手后场底线位置 A 处。甲继续重复斜线吊上网练习，直到球落地为止。

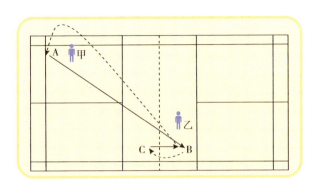

图 4-120　反手底线斜线吊上网示意图

（3）正手斜线吊左场上网。如图 4-121 所示，甲在正手底线位置 A 处站立，把乙发到位置 A 处的球吊到乙的右前场区位置 B 处；乙在位置 B 处将来球回放到甲的左前场区位置 C 处，甲从后场上网，将乙回放到位置 C 处上的来球推到乙的左后场区位置 D 处；乙在位置 D 处把来球还击到甲的正手后场底线位置 A 处。甲继续重复斜线吊上网练习，直到球落地为止。

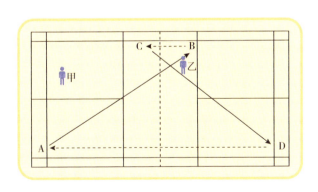

图 4-121　正手斜线吊左场上网示意图

（4）反手斜线吊右场上网。如图 4-122 所示，甲在反手底线位置 A 处站立，把乙发到位置 A 处的球吊到乙的左前场区位置 B 处；乙在位置 B 处将来球回放到甲的右前场区位置 C 处，甲从后场上网，将乙回放到位置 C 处上的来球推到乙的右后场区位置 D 处；乙在位置 D 处把来球还击到甲的反手后场底线位置 A 处。甲继续重复斜线吊上网练习，直到球落地为止。

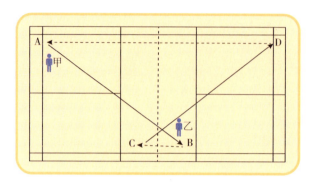

图 4-122　反手斜线吊右场上网示意图

（二）半固定吊上网练习

（1）如图 4-123 所示，甲在后场底线位置 A 处或 B 处站立，把乙发到这两个位置的球吊到乙的网前两角 C 处或 D 处，乙上网把甲吊过来的球从位置 C 处或 D 处任意回放到甲的前场区位置 E 处或 F 处；甲从后场上网，用搓或勾球的技术把球回放到乙的网前位置 C 处或 D 处，乙再将甲搓或勾过来的球从位置 C 处或 D 处挑到甲的后场区位置 A 处或 B 处，让甲在全场范围的移动中进行吊上网的重复练习。

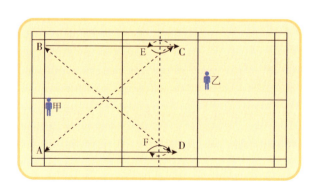

图 4-123　半固定吊上网示意图一

（2）如图 4-124 所示，甲在后场底线位置 A 处站立，把乙发到这个位置的球吊到乙的左前场区位置 B 处，乙从球场中心位置上网，把甲吊过来的球从位置 B 处回放到甲的右前场区位置 C 处；甲从后场上网，在位置 C 处勾斜线球到乙的右前场区位置 D 处，乙在位置 D 处再将甲勾过来的球挑斜线后场高球到甲的后场区位置 A 处。如此重复练习，直到球落地为止。

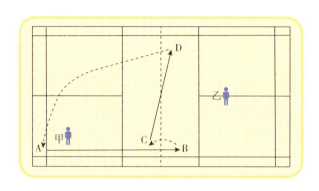

图 4-124　半固定吊上网示意图二

（3）甲在后场底线位置把球吊到乙的场区任意位置，乙将甲吊过来的球回放到甲的网前区域，甲上网后使用搓或推球技术，乙把甲搓或推过来的球还击到甲的后场底线位置，甲再进行吊球。如此反复练习，直到球落地为止。

（4）如图 4-125 所示，甲在后场底线位置 A 处站立，把乙发到这个位置的球吊直线球到乙的左前场区位置 B 处，乙在位置 B 处回放网前球到甲的右前场地区位置 C 处；甲从后场上网到位置 C 处，把球挑到乙的后场底线位置 E 处，乙在后场吊网前球将球回到甲的右前场区位置 C 处；甲回放乙的网前球至乙的左前场区位置 D 处，乙上网搓球将球回到甲的右前场区位置 C 处。如此重复练习，直到球落地为止。

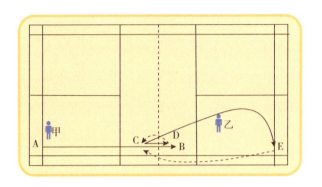

图 4-125　半固定吊上网示意图三

（5）如图 4-126 所示，甲在球网右侧的左发球区发后场高远球 1 到乙的左后场区，乙还击直线后场高球 2；甲在右后场区吊直线网前球 3，乙从左后场区上网放网前球 4；甲从右后场区上网搓网前球 5，乙在网前挑斜线后场高球 6 到甲的左后场区；甲回击直线后场高球 7，乙在右后场区吊直线网前球 8；甲从左后场区上网放网前球 9，乙从右后场区上网搓网前球 10；甲在网前挑斜线后场高球 11 到乙的左后场区，乙在左后场区回直线后场高球 2；甲在右后场区吊直线网前球 3……如此重复练习，直到球落地为止。

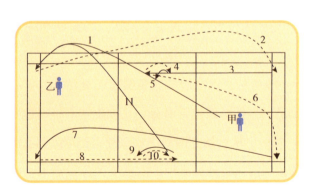

图 4-126　半固定吊上网示意图四

（6）如图 4-127 所示，甲在球网右侧的左发球区发后场高远球 1 到乙的左后场区，乙还击直线后场高球 2；甲在右后场区吊斜线网前球 3，乙从左后场区上网放网前球 4；甲从右后场区上网搓网前球 5，乙在网前挑直线后场高球 6 到甲的左后场区；甲回击直线后场高球 7，乙在右后场区吊斜线网前球 8；甲从左后场区上网放网前球 9，乙从右后场区上网搓直线网前球 10；甲在网前挑直线后场高球 11 到乙的左后场区，乙在左后场区回直线后场高球 2；甲在右后场区吊斜线网前球 3……如此重复练习，直到球落地为止。

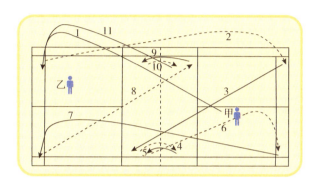

图 4-127　半固定吊上网示意图五

第五章　羽毛球运动的战术及运用

第一节　单打战术及运用

在羽毛球比赛中，双方都想以己之长，克彼之短，从而掌握比赛的主动权。因此，在掌握羽毛球运动基本技术的前提下，掌握单打战术，并根据不同对手的特点，运用不同的单打战术，对于提高自己的实战能力及最终赢得比赛的胜利具有重要意义。

一、单打站位

在羽毛球单打比赛中，选择一个合理的站位，既有利于自己向各个方向运动去迎击来球，又可以增强防守，让对方不易找到攻击的空当。

（一）前场击球后的站位

搓球后，不要机械地回动到场地中心，要随球跟进选择合适的站位，根据对方的回球动作，判断他是选择回搓球还是挑球，随时准备迎击。

勾对角线后，要随球向落点方向移动选择合适的站位，以防对方搓网前球。

推直线球后，如果球速较快、落点较深，可以选择靠前些的站位，以防对方回过渡性网前球。

回放网前球后，要选择两脚平行站位，重心靠前，同时将球拍举过头顶，以防对方回假推实放球或推球。

挑球后，要快速回到场地中心位置，如果对方擅长后场杀球，站位要稍靠后一点儿；如果对方习惯在后场吊球，站位就要稍靠前一点儿。

（二）中场击球后的站位

关于中场击球后的站位，我们要重点保护较空的区域。如果我们处于主动状态，在场上就要站位灵活，随球跟进，始终保持进攻态势；如果我们处于被动状态，那么站位一定不要太靠前，尽量选择中场偏后的区域，这样能给自己的防守留出判断和反应的时间和空间。

（三）后场击球后的站位

后场回直线高远球后，站位要选择直线一侧的场区；回斜线高远球后，站位要选择中间偏对方攻击直线的一侧场区。

后场回吊球后，如果球速快、落点好，对方回网前球的可能性比较大，此时我们站位要靠前些，准备抢高点推对方后场底线；如果吊球质量不高，我们就需要灵活站位，随时准备防对方的勾对角球或平推直线球。

后场杀球后，如果杀球质量较好，可以随球迅速回动，站位偏向于向中前场压进，随时准备下一拍上网进攻；如果杀球质量不是太好，则不要急于冲上网，应跨出一步回位，判断清楚来球方向后再启动。

二、单打战术

（一）发球抢攻

发球时，要用余光注视对方的情况，找出其薄弱环节。要从发球的第一拍起，就争取控制对方的节奏而得分。实施发球抢攻战术时，必须要有高质量的发球做保证，否则不易成功，用这种战术对付应变能力较差的对手，或在比赛的关键时刻出其不意地采用这种战术，通常能取得意想不到的效果。

1. 发网前球

发网前球时，要注意观察对方的站位。如果对方站位比较靠近后场，我们就可以通过发网前球迫使其挑球、推球或出现接发球下网的失误。如果对方在接发网前球的时候反应和移动速度较慢，回球质量很难保证，我们就可以通过扑杀或快速平推底线两角，造成对方失误。一般，发网前低球结合平快球、平高球，可以更好地争取第三拍的主动进攻机会。

2. 发平射球

平射球属于进攻性发球，球速很快，可以用来突袭对手，从而取得主动。在发平射球时，球的落点一般应在对方的反手区，或直接对准对方的身体发球，让对手措手不及而被动回球，这样我们就可以伺机杀球或上网扑球。

3. 发后场高远球

发后场高远球是单打中常用的战术。发球时观察对方的站位，如果对方站位比较靠前，便可以通过发后场高远球将球打到对方的后场底线处，迫使对方匆忙后退还击，给其进攻制造难度。如果对方回球不到位，我们便可以抓住机会进行杀球或吊球，造成对方失误。

（二）接发球抢攻

接发球时虽然处于被动状态，但如果对方发球质量不高，我们就能得到

接发球抢攻的机会。所以，接发球时如果能处理好这一拍，也可以在对战中取得主动。

1. 接发高远球、平高球

接发高远球、平高球时，一般可用平高球、吊球或杀球还击，回球后自己的速度要跟上。注意，如果对方发球质量较好，站位适中，就不要盲目重杀，可用高远球、平高球还击，或者用点杀、劈杀等先抑制对方，伺机再进攻。

2. 接发网前球

接发网前球时，可以用平推球、放网前球或挑高球还击。当对方发球过网较高时，我们要抢高点，抢先上网扑杀。

3. 接发平快球

接发平快球时，可以借用对方的发球力量快杀空当或追身，也可以借助反弹力拦吊对角网前，这些都能打乱对方的进攻节奏，起到出其不意的效果。

（三）逼反手

在羽毛球运动中，大多数人反手击球均弱于正手击球，进攻性不强，球路也较简单。针对反手击球技术较差的对手，我们要毫不犹豫地加以攻击。我们要先拉开对方的位置，使其反手区露出空当，然后把球打到对方反手区，迫使他使用反拍击球。这时，我们要主动向前移动位置，封住网前，当对方用反手吊直线或对角网前球时，就可以快速上前扑杀、搓球等，为下一拍创造主动的机会。

（四）压底线

压底线战术用来对付后退步法较慢或基本技术较差的对手十分有效。使用时，应采用重复打高远球或平高球的技术，压对方后场底线，迫使他后退，一旦其回球质量不高，便以大力扣杀或吊网前空当争取得分。注意，不论是打高远球还是平高球压后场，都要压得尽量低，如果达不到底线或压后场绵软无力，就容易遭受对方的攻击，这种战术便没有了意义。

（五）打四方球

打四方球战术，要求我们具备较强的控球能力、进攻能力，以及快速、灵活的步法。对战时，我们应以高球或吊球准确地将球击到对方场区的四个场角，调动对方前后左右跑动，打乱其阵脚，在他来不及回位或者回球质量较差时，伺机得分。

（六）守中反攻

守中反攻战术一般利用拉、吊四方球的方式以及防守中的球路变化来调动对方，在对方只顾进攻而疏于防守或者体力下降、速度减慢时，再发动进攻，伺机得分。这种打法比较适合自身进攻能力不强，但防守技术较好、反应较快的球员。

（七）拉吊突击进攻

拉吊突击进攻战术可以通过把球准确地击到对方场区的四个角上，来调动对方，使对方每次击球都要在场上来回奔跑，从而伺机得分。使用这种战术时，对全场盲目跑动的对手可使用重复球和假动作；对后退步法慢的对手可以多打前、后场；对后场反手技术较差的对手可以通过拉开后攻其反手；对体力不好的对手可以采用多拍拉、吊来消耗其体力；对灵活性较差的对手可以多打对角线。当对方回球质量较差时，我们便可以抓住有利战机，突击进攻。

（八）下压进攻控制网前

下压进攻控制网前战术可以通过快速、凶狠的进攻，在力量、速度上压制对手。采取下压进攻控制网前战术时，应先以不同力量、不同速度的吊球、重杀、轻杀、点杀等将球下压，为自己创造上网机会，再以推球、搓球等控制网前，将对方吸引到前场，然后配合平高球突击对方底线，为自己创造进攻机会。对于身材较高、步法移动较慢、接下手球吃力的对手，采用这种战术十分有效。

第二节　双打战术及运用

羽毛球双打不同于单打，它不仅是双方在技术、战术、体力上的较量，同时也考验着双打同伴之间的配合。双打战术对双打同伴之间各方面的要求比较高，配合的方法也较多，只有多加练习才能提高默契度。

一、双打站位

双打的站位是根据双方的技术水平、身体素质、心理素质以及队友的配合特点，经过长期训练而形成的。常见的双打站位可分为以下三种。

1. 前后站位

此站位基本上是本方发球时所采用，发球的队员站位较靠前。当发球员发球后立即举拍封堵前场区，另一名队友则负责中场或后场的各种来球。前后站位可充分运用快攻压网前搓、吊、推、扑等技术，寻找空隙，一举打乱对手的站位；或通过后攻前扑，后场连续大力扣杀，前场积极封堵，当回球在球网附近时，一举给以致命打击。

2. 左右站位

左右防守站位并不是指一人刚好半个场，而是接直线球的球员往边线靠，接斜线球的球员往中间靠，因为直线球速度更快。两人各负责半场区的防守，可以平抽、平打压住对手后场底线两角，在对手扣杀球时也能以平抽反击或挑高远球至两底角，造成对手回球无力，而一举扣杀或吊球成功。

3. 轮转站位

在比赛中，攻守双方总是根据比赛的情况，不断地在前后站位和左右站位间相互变换。站位的轮转变换具有以下特点：其一，发球或接发球时，处于前后站位。当对手回击高球至后场偏一侧进攻时，前方的方队员要直线后退，后方的队员要看情况向另一侧移动，换成左右站位。其二，发球或接发球时，处于左右站位。在发球后或对击球过程中，一旦有机会进行下压进攻，一名球员要快速上网封堵，另一名球员则要快速移动到后场，换成前后站位，进行大力扣、吊、杀球，以使对手陷入被动地位。

二、双打战术

（一）攻人

攻人战术是双打比赛中常用的一种战术，尤其是对战技术水平强弱不一的对手时，往往能收到奇效。实施攻人战术时，可以集中攻击对方中有明显弱点的人，并伺机攻击另一人因补位或疏忽而露出的空当，或对此人偷袭。即便两人水平相差不多，但如果能集中力量攻击其中一人，也可以给他造成很大的心理压力，从而出现失误。

（二）攻中路

攻中路战术，就是攻击对方两人的结合部，以造成两人防守时让球或抢球。一般来说，对方两人分边站位防守时，可攻击两人的中间部位；对方两人前后站位时，可将球下压或平推至两边半场。

（三）攻后场

攻后场战术常用来对付后场扣杀能力较差的对手，或者把对方弱者调动到后场后使用。对方后场扣杀能力差，己方可采用平高球、推平球、接杀挑底线球，把对方一人紧逼在底线两角移动。对方回球质量不高时，便可抓住机会大力扣杀。如果另一对手后退支援，则可攻击网前空当或打后退者的追身球。

（四）后攻前封

当己方处于主动进攻地位时，后场队员见高球就可大力扣杀或吊网前，迫使对方接杀放网、挑高球或抽球。前场队员可以扑球、搓球、勾球、推球等控制网前，迫使对方被动挑高球。一旦对手回球质量不高，己方便有了进攻得分的机会。后攻前封战术的整个进攻连贯又有节奏变化，常使对手防不胜防。

（五）守中反攻

守中反攻战术主要是用来对付对方后场进攻能力较弱的球员，或者是用来消耗对方体力而采取的一种战术。这种战术以防守为主，讲求后发制人、伺机反攻，运用此战术的一方必须具有较强的防守能力，能守得住对方的进攻，并且反应要快、心理稳定性要强、步法要灵活。当对方陷入被动或进攻质量稍差时，要及时抓住有利战机进行反击，给对方以致命打击。

三、混合双打战术

混合双打是由一名男球员和一名女球员搭配组成的双打，结合了男球员的爆发力、控制整场能力和女球员的体能、网前球的处理能力，其基本技战术与双打相似。但是，由于女球员在力量、速度等方面一般要比男球员稍逊一等，所以在具体的战术运用上与双打又有所区别。

（一）混合双打的站位

1. 前后站位

在混合双打组合中，女球员的攻击力较男球员稍弱，主要站在前场、负责封住网前小球；男球员攻击力较强，负责中后场的大范围区域。由此，形成男球员在后、女球员在前的基本进攻队形。

男球员发球时，站位要较双打后移至中场附近，此时女球员应站在前发球线附近。发球后，男球员立即准备守住中后场，女球员则立即准备封住前半场。

2. 左右站位

混合双打的左右站位有别于双打的左右站位。在混合双打的左右站位中，无论女球员在左半区还是右半区，往往只负责守住靠近边线的三分之一的区域、而场区的大部分区域则留给男球员，这样女球员防守范围小，防守起来也相对容易些。

（二）混合双打的战术

1. 混合双打进攻战术

（1）攻女球员战术。一方在被动防守时，一般会采取左右站位，进攻方便可利用进攻主动权集中力量进攻对方的女球员，直至获得比分；在双方对战僵持的情况下，一方可尽可能地把球打到对方女球员所在的区域、远离男球员；在接发球时，一方可通过推、拨、放等击球技术，将球回到对方网前，这类回球都会促使对方站位靠前的女球员跑动回击。

（2）压后场拉开战术。压后场拉开战术是通过高球、平高球、杀球、重复压对手两底线和边线等，造成对方后场男球员的跑位被动，然后再利用己方女球员防守区域减少的机会伺机进行封网进攻的战术。

（3）攻中路战术。在混合双打比赛中，如果对方球员处理两边线球的能力很强、威胁很大，便可以改用攻中路战术，使对方球员的优势无法发挥。此时，如果对方仍用以前的角度击球，就有可能会因角度太大而出界。而且，因为球在中路，对方易回直线球，己方女球员则较易封网。采用这一战术的关键，一是让对方的优点无法发挥，二是使己方男球员的防守范围缩小。

2. 混合双打防守战术

（1）挑二底线平高球战术。当进攻方杀直线时，防守方可以挑平高对角；当进攻方杀对角时，防守方可以挑平高直线，以达到调动对方左右移动的目的。如果进攻方球员移动速度慢，便无法保持进攻或盲目进攻，此时防守方便可以伺机反攻。

（2）反抽直线勾对角战术。当进攻方男球员从两底线进攻站在对角线的防守方女球员时，防守方可采用反抽直线勾对角战术，以最大限度地调动对手，并抓住其漏洞反攻。但要注意，反抽球必须要越过对方女球员的封网高度。

（3）反抽对角挡直线战术。当进攻方男球员从两底线进攻站在直线的防守方女球员时，防守方可采用反抽对角挡直线战术，抓住其漏洞伺机反攻。但同样也要注意，反抽球必须要越过对方女球员的封网高度。

（4）挡直线、勾对角网前战术。当进攻方男球员从两后底线攻击防守方女队员时，防守方可采用挡直线结合勾对角网前的战术，来避开对方强有力的攻击。只要挡和勾的质量有保证，一般还是可以变被动为主动的。当然，当防守方把球打到某一个点时，女队员要跟进封住其直线区，迫使对方打出高球。

第六章　羽毛球运动的运动常识及常见损伤预防

第一节　羽毛球的运动常识

羽毛球运动在我国的普及程度非常高，然而，这项运动在给人们带来乐趣的同时，也不可避免地使一些人陷入它所带来的各种伤病之中。究其原因，是很多人不懂得如何科学地进行运动，这就要求我们懂得一些羽毛球运动的常识。

一、做充足的准备活动

在开始羽毛球运动之前，我们一定要认真地做好准备活动，一般是充分活动全身的各个关节，特别是容易受伤的部位，如手腕、肩关节、腰部、踝关节等。

运动前做充足的准备活动，可以使关节预热；可以增加肌肉、韧带的弹性和伸展性，减少由于肌肉剧烈收缩而造成的运动损伤；可以提高内脏器官

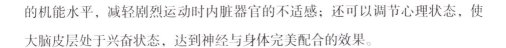

的机能水平，减轻剧烈运动时内脏器官的不适感；还可以调节心理状态，使大脑皮层处于兴奋状态，达到神经与身体完美配合的效果。

二、掌握正确的技术动作

羽毛球运动是一项全身运动，集握拍、击球和步法等于一体，每一项都有专门的动作模式。只有掌握了正确的技术动作，才能确保我们的关节和肌肉安全运行，从而避免由于动作不规范而导致的关节损伤、肌肉拉伤等伤病。比如，如果我们挥拍时手指、手腕发力不当，会引起手指关节、手腕部关节扭伤；不正确的反手击球动作，容易引起肘关节炎症，也就是人们常说的"网球肘"或"高尔夫球肘"；错误的步法会导致踝关节扭伤、大腿拉伤、腰肌劳损或拉伤等。

所以，我们要掌握正确的羽毛球技术动作，这样不仅能有效地提高羽毛球的击打效率，也能有效地预防伤病的产生。

三、合理安排运动时间和运动量

羽毛球运动要坚持长期练习，持之以恒，但是也要注意把握运动强度，合理地安排运动时间和运动量。我们无论是想增强体质，还是想提高球技，初心都是好的，但要循序渐进，逐渐加大运动强度和运动量，绝不能急于求成，否则可能导致过度疲劳和不必要的运动损伤。

有一些简单的方法可以自我衡量运动量是否合适。比如，在运动结束后可以数一下脉搏，用心率来确定运动强度是否合适。另外，还可以依靠自己的感觉来判断。如果经过一个阶段的羽毛球运动后，我们睡眠质量提高、精神愉快、身心轻松，说明运动量是适度的；如果食欲下降、睡眠质量变差、身心俱疲，甚至血压升高等，那很可能就是运动量过大了。

四、注意运动后的放松和拉伸

在每次羽毛球运动结束之后，都要对肌肉进行放松和拉伸，这样有助于加快运动后身体机能的恢复。拉伸以静态拉伸为主，一般以运动较多的大腿肌肉群、臀大肌、腰腹部核心肌肉群、上肢肌肉群和肩关节肌肉群为主要放松对象。我们也可以进行诸如放松跑、放松走等放松活动，通过改善血液循环，尽快消除疲劳。另外，在剧烈运动之后，我们的体内会产生乳酸，它会造成肌肉酸痛、机体疲劳，因此也可以通过洗热水澡、放松按摩的方式帮助机体恢复。

需要特别注意的是，在羽毛球运动过后，一定不要马上坐下或躺下休息，这样不仅不能尽快恢复身体机能，反而会对身体产生不良影响。

五、加强运动后的营养补充

羽毛球运动强度较大，会大量消耗我们体内的水分、无机盐和糖等，因此在运动过后要注意补充营养，多吃维生素含量高的蔬菜、水果，以及蛋白质含量高的肉类、鱼类、豆类等食物，这些都是增强体力不可缺少的营养物质。在运动过程中，要注意及时补充水分，但切忌在短时间内摄入过多的水。

第二节　羽毛球运动的常见损伤及预防

羽毛球运动属于隔网项目，比赛的双方一般不会发生身体接触，所以与其他运动项目相比，球员遭遇创伤的概率并不算高。但是，我们也应认识到，羽毛球运动强度大、对局时间长，如果赛前准备活动不充分、运动负荷过大、技术动作不标准，或者因长期运动而过度疲劳，也会造成一些急性或慢性的运动损伤。

羽毛球运动的常见损伤以下肢各部位的损伤为主，其次是上肢各部位损伤与躯干部位损伤。本节主要介绍几种常见的羽毛球运动损伤及预防办法，希望能为大家提供一些参考，让大家科学地进行羽毛球运动。

一、腕关节损伤及预防

腕关节损伤是羽毛球运动中较多出现的损伤，这是由于羽毛球运动的每一项技术动作都有腕关节的参与，无论是击打、扣杀，还是挑、推、扑、勾球，都要求手腕有基本的后伸和外展的动作，并且还要不断做出不同角度的内旋、外旋和屈收等动作。手腕部的三角纤维软骨盘不断受到旋转辗挤，久而久之便会造成损伤。腕关节损伤表现为腕关节尺侧或腕关节内疼痛，腕部软弱无力，当前臂或腕部做旋转运动时，疼痛加剧。

腕关节损伤的改善与预防方法有：①运动前做好腕部的准备活动；②加强腕关节的灵活度训练；③加强腕关节的力量练习和柔韧练习；④运动时戴上护腕或用弹力绷带进行保护。

二、肘部损伤及预防

羽毛球运动中的肘部损伤主要是"网球肘",学名为肱骨外上髁炎,是所有持拍类运动中最常见的伤病。在羽毛球运动中,正手击球时猛烈地做前臂旋转和屈腕等动作,或者反手击球时做伸肘、伸腕等动作,都会使肌肉或关节囊韧带受到剧烈牵拉,从而导致深层组织反复摩擦、挤压而造成局部劳损性病变。急性损伤者,伤后即觉肘关节外侧疼痛,局部肿胀,甚至皮下瘀血,肘关节活动受限,不能完全伸肘或曲肘;而慢性伤者,肿胀往往不明显,但是在完成扣杀或抽球、快打时,动作质量常常不高。

"网球肘"的改善与预防方法有:①运动之前充分活动各关节,做好准备活动;②合理安排运动量,避免肘部运动过度;③握拍不要过紧,要放松,击球时肘部不要过直;④运动后做肘部的自我按摩,以消除疲劳,提高肘部的自我保护能力;⑤佩戴护肘。

三、肩部损伤及预防

羽毛球运动中,挥臂、抬臂、伸臂等动作比较多,尤其是做大力扣杀或绕头顶扣杀等动作时,肩袖肌腱受到反复碾磨或牵扯,导致局部负荷过度,久而久之便引起了肩袖的损伤。此外,运动前准备活动不充分、技术动作不规范、肩部肌肉力量不足等也是造成肩部损伤的因素。肩部损伤后的症状包括肩痛、痛弧和压痛等。

肩部损伤的改善与预防方法有:①运动之前充分活动肩部,做好准备活动;②及时纠正错误的技术动作,掌握正确的击球点及发力方法、用力方向;③加强肩袖肌和三角肌等肩部肌肉的力量锻炼,可用静力练习法、动力练习法、动静力综合练习法进行锻炼。

四、腰部损伤及预防

羽毛球运动的技术特点，要求腰部不断处于过屈或过伸的运动中，如起跳扣杀、左右跨步、前后移动回球、过分扭转躯干等。重复做这些动作时，便容易造成急性损伤。而腰部损伤后，如果没有及时根治，运动时又不注意自我保护，便很容易使急性损伤渐渐转化成慢性损伤。腰部损伤后，损伤的部位一般都有较明确的点压痛，轻伤时则常无疼痛，但过后或次日晨起时会觉得腰痛；重伤后疼痛较剧烈，腰部出现活动障碍和肌肉痉挛。

腰部损伤的改善与预防方法有：①运动前充分做好准备活动，使腰部肌肉的力量和协调性得到提高；②做扣杀动作时肌肉不要完全放松，要保持一定的紧张度；③掌握正确的技术动作；④加强腰部肌肉力量和伸展性的锻炼，还要加强腹肌锻炼，这样不仅可以避免本身的损伤，还可以保护脊柱和韧带。

五、膝关节损伤及预防

膝关节损伤是羽毛球运动中容易重复发生的一类损伤。羽毛球运动中经常有反复地在短距离内瞬间变向、侧身、前屈、后伸、起跳、跨步、后蹬等动作，膝关节不断承受剧烈拉应力和牵扯力，当某个动作不协调、过度用力或过度疲劳，便容易引发膝关节的急性损伤。膝关节损伤者表现为膝关节无力、发软、疼痛等。

膝关节损伤的改善与预防方法有：①运动前要做好膝关节的准备活动；②避免膝关节过度疲劳；③运动时佩戴护膝，可有效预防膝关节损伤；④运动后应充分放松并自我按摩，加强自我保护；⑤加强膝关节周围肌肉的锻炼，如可以采用静力半蹲或负重静力半蹲等方式，来增加该部位的力量。

六、踝关节损伤及预防

羽毛球运动中，在进行全场移动、跨步支撑、起跳落地等动作时，如果身体重心不稳或偏向一侧，就容易导致踝关节外翻或内拗而伤害到韧带。踝关节损伤根据损伤部位的不同表现出不同的症状，单纯的韧带撕裂，压痛大部分在外踝下方；合并撕脱性骨折时，在踝关节处有明显的局部性压痛；外踝损伤时，外踝前下方凹陷处会呈现不同程度的肿胀或皮下瘀血；慢性踝关节劳损表现为做准备活动时疼痛，活动后减轻，大量运动后加剧。

踝关节损伤的预防改善措施有：①运动前注意热身，鞋要松紧适度；②加强小腿与踝关节周围肌肉的力量练习，如负重提踵、足尖走、足尖跳等；③运动时，注意加固踝关节，如可以戴护踝或绷弹力绷带；④出现踝关节损伤后，绝不能再继续运动，不能马上揉搓，不能立即冷敷，一定要及时去医院检查、确诊，以免误诊发展为慢性损伤。

七、肌肉拉伤及预防

肌肉拉伤是各项体育运动中最常见的损伤之一，羽毛球运动也不例外。其中，大腿肌群肌肉是最容易拉伤的肌群之一。大多肌肉拉伤是由于运动前准备活动不充分，尤其是在寒冷的天气下，肌肉和韧带更僵、更紧一些，如果没有充分热身就立即进行剧烈运动，肌肉突然受到超负荷的刺激，便容易引起肌肉拉伤。

肌肉拉伤的预防和改善措施有：①运动前做充足的准备活动，以升高体温，降低肌肉的黏滞度，放松肌肉；②运动量要合理，要根据自身的情况合理安排运动量；③纠正错误的技术动作，掌握正确的技术动作。

第七章　不可不知的羽毛球知识

第一节　羽毛球运动竞赛常用规则[1]

任何一项体育运动都是在一套相应的规则、一定的时间和相对的空间中进行的，离开了这些因素，运动也就失去了生命力。羽毛球比赛中不仅有计分规则，还要严格遵守其余各方面的规则。

一、羽毛球比赛的基本规则

（一）挑边

（1）比赛开始前应挑边。赢方将在以下两条规则中做出选择。

① 先发球或先接发球。

② 在一个场区或另一个场区开始比赛。

（2）输的一方，在余下的一项中选择。

---

① 依据中国羽毛球协会最新审定的《羽毛球竞赛规则（2021）》编写。

（二）计分方法

（1）除非另有规定，一场比赛应以三局两胜定胜负。

（2）除本规则（4）、（5）的情况外，先得21分的一方胜一局。

（3）一方"违例"或球触及该方场区内的地面成死球，则另一方胜这一回合并得一分。

（4）20平后，领先得2分的一方胜该局。

（5）29平后，先到30分的一方胜该局。

（6）一局的胜方在下一局首先发球。

（三）交换场区

（1）以下情况，运动员应交换场区。

①第一局结束。

②第二局结束（如果有第三局）。

③在第三局比赛中，一方先得11分时。

（2）如果运动员未按规则（1）交换场区，一经发现，在死球时立即交换，已得比分有效。

（四）发球

（1）合法发球的规则如下。

①一旦发球员和接发球员做好准备，任何一方都不得延误开始发球。发球员球拍头的向后摆动一旦停止，任何对发球开始的迟延都是延误。

②发球员和接发球员，应站在斜对角的发球区界限以内，脚不得触及发球区和接发球区的界线。

③从发球开始，至发球结束，发球员和接发球员的两脚都必须有一部分

与场地的地面接触，不得移动。

④发球员的球拍，应首先击中球托。

⑤发球员的球拍击中球的瞬间，整个球应低于距场地地面高度1.15米。

⑥自发球开始，发球员挥拍必须连贯向前，直至将球发出。

⑦发出的球向上飞行过网，如果未被拦截，球应落在规定的接发球区内（落在界线上或界线内）。

⑧发球员发球时，应击中球。

（2）一旦运动员站好位置准备发球，发球员的球拍头开始向前挥动，即为发球开始。

（3）一旦发球开始，发球员的球拍击中或未能击中球，均为发球结束。

（4）发球员应在接发球员准备好后才能发球，如果接发球员已试图接发球，即视为已做好准备。

（5）双打比赛发球时，发球员和接发球员的同伴应在各自的场区内。其站位不限，但不得阻挡对方发球员或接发球员的视线。

（五）发球区错误

（1）以下情况为发球区错误。

①发球或接发球顺序错误。

②在错误的发球区发球或接发球。

（2）如果发现发球区错误，应在死球后予以纠正，已得比分有效。

（六）违例

以下情况均属违例。

（1）不合法发球。

（2）球发出后：

① 停在网顶。

② 过网后挂在网上。

③ 接发球员的同伴击中。

（3）比赛进行中，球：

① 落在场地界线外（未落在界线上或界线内）。

② 未从网上方越过。

③ 触及天花板或四周墙壁。

④ 触及运动员的身体或衣服。

⑤ 触及场地外其他物体或人。

⑥ 被击球时停滞在球拍上，紧接着被拖带抛出。

⑦ 被同一运动员两次挥拍连续两次击中，但一次击球动作中球被拍框和拍弦面击中不属违例。

⑧ 被同方两名运动员连续击中。

⑨ 触及运动员球拍，而未飞向对方场区。

（4）比赛进行中，运动员：

① 球拍、身体或衣服，触及球网或球网的支撑物。

② 球拍或身体，从网上侵入对方场区（击球时，球拍与球的接触点在击球者网这一方，而后球拍随球过网的情况除外）。

③ 球拍或身体，从网下侵入对方场区，导致妨碍对方或分散对方的注意力。

④ 妨碍对方，即阻挡对方随球过网的合法击球。

⑤ 故意分散对方注意力的任何举动，如喊叫、做手势等。

（七）重发球

（1）由裁判员或运动员（未设裁判员时）宣报"重发球"，用以中断比赛。

（2）以下情况为重发球。

① 发球员在接发球员未做好准备时发球。

② 发球过程中，发球员和接发球员都被判违例。

③发出的球被回击后的对击中，球停在网顶或球过网后挂在网上。

④ 比赛进行中，球托与球的其他部分完全分离。

⑤ 裁判员认为比赛被干扰或教练员干扰了对方运动员的比赛。

⑥ 司线员未看清，裁判员也不能做出裁决时。

⑦ 意外情况。

（3）重发球时，该次发球无效，原发球员重新发球。

（八）死球

以下情况视为死球。

（1）球撞网或网柱后，开始向击球者网这方的地面落下。

（2）球触及地面。

（3）宣报了违例或重发球。

（九）比赛连续性、行为不端及处罚

（1）除本规则（2）、（3）允许的情况外，比赛自第一次发球开始至该场比赛结束应是连续的。

（2）间歇。

① 每局比赛，当一方先得 11 分时，允许有不超过 60 秒的间歇。

②所有比赛中，局与局之间允许有不超过 120 秒的间歇。

（3）比赛的暂停。

①遇不是运动员所能控制的情况，裁判员可根据需要暂停比赛。

②遇特殊情况，裁判长可要求裁判员暂停比赛。

③如果比赛暂停，已得比分有效，恢复比赛时由该比分计起。

（4）延误比赛。

①不允许运动员为恢复体力、喘息或接受指导而延误比赛。

②裁判员是"延误比赛"的唯一裁决者。

（5）指导和离开场地。

①一场比赛中，仅在死球时允许运动员接受指导。

②一场比赛中，运动员未经裁判员允许不得离开场地（规则所规定的间歇除外）。

（6）运动员不得有下列行为。

①故意延误或中断比赛。

②故意改变或损坏球，以此影响球的速度或飞行。

③举止无礼或不当。

④规则未述的其他不端行为。

（7）对犯规者的处罚。

①对违反规则的运动员，裁判员应执行：警告，对已被警告过的一方判违例；或对严重违犯或违犯间歇的一方判违例。

②在判违犯方违例时，裁判员应立即报告裁判长；裁判长有权取消其该场比赛资格。

（十）技术官员职责和申诉受理

（1）裁判长对比赛全面负责。

（2）临场裁判员主持一场比赛，并管理该比赛场地及其紧邻的区域；裁判员对裁判长负责。

（3）发球裁判员负责宣判发球员的发球违例。

（4）司线员负责宣判球在其分管线的落点是"界内"或"界外"。

（5）技术官员对其所分管职责内事实的宣判是最后的裁决，以下情况除外：当裁判员确认司线员明显错判时，应予以纠正；当有即时回放系统时，由该系统对球落点宣判的挑战以裁决。

（6）裁判员应：

① 维护和执行羽毛球比赛规则，及时宣判违例或重发球。

② 对在下一次发球前提出的申诉做出裁决。

③ 确保运动员和观众能随时了解比赛进展情况。

④ 与裁判长磋商后指派或撤换司线员或发球裁判员。

⑤ 在技术官员不足时，对无人执行的职责做出安排。

⑥ 在技术官员未看清时，执行其职责或判重发球。

⑦ 记录并向裁判长报告与规则（九）有关的所有情况。

⑧ 仅将与规则有关的申诉提交裁判长。（此类申诉必须在下次发球击出前提出；如果该场比赛结束，则应在申诉方离开场地前提出。）

二、羽毛球单打比赛规则

（一）发球区和接发球区

（1）一局中，发球员的分数为0或双数时，双方运动员均应在各自的右发球区发球或接发球。

（2）一局中，发球员的分数为单数时，双方运动员均应在各自的左发球区发球或接发球。

（二）击球顺序和位置

一回合中，球应由发球员和接球员交替从各自场区的任何位置击出，直至成死球为止。

（三）得分和发球

（1）发球员胜一回合则得一分。随后发球员再从另一发球区发球。

（2）接发球员胜一回合则得一分。随后接发球员成为新发球员。

三、羽毛球双打比赛规则

（一）发球区和接发球区

（1）一局中，发球方的分数为0或双数时，发球方均应从右发球区发球。

（2）一局中，发球方的分数为单数时，发球方均应从左发球区发球。

（3）接发球方按其上次发球时的位置站位。

（4）接发球员应是站在发球员斜对角发球区的运动员。

（5）发球方每得一分，原发球员则变换发球区再发球。

（6）除"发球区错误"的情况外，发球都应从与发球方得分相对应的发球区发出。

（二）击球顺序和位置

每一回合发球被回击后，由发球方的任何一人和接球方的任何一人，交替在各自场区的任何位置击球，如此往返直至死球。

（三）得分和发球

（1）发球方胜一回合则得一分，随后发球员继续发球。

（2）接发球方胜一回合则得一分，随后接发球方成为新发球方。

（四）发球顺序

（1）每局比赛的发球权必须如下传递：先由首先发球员从右发球区发球；其次由首先接发球员的同伴从左发球区发球；然后是首先发球员的同伴；接着是首先接发球员；再接着是首先发球员，依此传递。

（2）运动员在比赛中不应有发球、接发球顺序错误或在一局比赛中连续两次接发球（规则中允许的情况除外）。

（3）一局胜方的任一运动员可在下一局先发球；一局负方的任一运动员可在下一局先接发球。

第二节　羽毛球重要赛事介绍

世界各地每年会举办大大小小几十个羽毛球赛事，其中比较重要的、球迷也比较关注的羽毛球赛事有奥林匹克运动会羽毛球比赛、世界羽毛球锦标赛、汤姆斯杯羽毛球赛、尤伯杯羽毛球赛、苏迪曼杯世界羽毛球混合团体锦标赛、全英羽毛球公开赛、中国羽毛球公开赛等。

一、奥林匹克运动会羽毛球比赛

奥林匹克运动会（以下简称奥运会）是世界上备受瞩目的一项大赛，羽毛球世界联合会（原国际羽毛球联合会）在 1970 年就开始推动羽毛球项目进入奥运会的工作，但直至 1985 年 6 月 5 日的国际奥委会第 90 次会议，才通过并决议将羽毛球列为奥运会的正式比赛项目。在 1988 年汉城奥运会上，羽毛球被列为表演赛并取得成功。1992 年的巴塞罗那奥运会，羽毛球最终被设立为正式比赛项目。

历届奥运会羽毛球赛的项目、冠军及冠军所属国家或地区的情况见表 7-1。

表 7-1　历届奥运会羽毛球赛冠军概况表

届次	项目	姓名	国家 / 地区
1992 年巴塞罗那奥运会	男子单打	魏仁芳	印度尼西亚
	女子单打	王莲香	印度尼西亚
	男子双打	金文秀 / 朴柱奉	韩国
	女子双打	郑素英 / 黄惠英	韩国
1996 年亚特兰大奥运会	男子单打	拉尔森	丹麦
	女子单打	方铢贤	韩国
	男子双打	苏巴吉亚 / 迈纳基	印度尼西亚
	女子双打	葛菲 / 顾俊	中国
	混合双打	金东文 / 吉永雅	韩国
2000 年悉尼奥运会	男子单打	吉新鹏	中国
	女子单打	龚智超	中国
	男子双打	陈甲亮 / 吴俊明	印度尼西亚
	女子双打	葛菲 / 顾俊	中国
	混合双打	张军 / 高崚	中国
2004 年雅典奥运会	男子单打	陶菲克	印度尼西亚
	女子单打	张宁	中国
	男子双打	金东文 / 河泰权	韩国
	女子双打	杨维 / 张洁雯	中国
	混合双打	张军 / 高崚	中国

续表

届次	项目	姓名	国家／地区
2008 年北京奥运会	男子单打	林丹	中国
	女子单打	张宁	中国
	男子双打	马尔基斯·基多／塞蒂亚万	印度尼西亚
	女子双打	杜婧／于洋	中国
	混合双打	李孝贞／李龙大	韩国
2012 年伦敦奥运会	男子单打	林丹	中国
	女子单打	李雪芮	中国
	男子双打	蔡赟／傅海峰	中国
	女子双打	田卿／赵云蕾	中国
	混合双打	张楠／赵云蕾	中国
2016 年里约奥运会	男子单打	谌龙	中国
	女子单打	马林	西班牙
	男子双打	张楠／傅海峰	中国
	女子双打	松友美佐纪／高桥礼华	日本
	混合双打	阿玛德／纳西尔	印度尼西亚
2020 年东京奥运会	男子单打	安赛龙	丹麦
	女子单打	陈雨菲	中国
	男子双打	李洋／王齐麟	中国台北
	女子双打	波莉／拉哈尤	印度尼西亚
	混合双打	王懿律／黄东萍	中国

　　1992 年的巴塞罗那奥运会上，羽毛球被正式列为比赛项目之一，而我国羽毛球的第一个奥运冠军则是在 1996 年亚特兰大奥运会中取得的。那一年的葛菲和顾俊在双打赛中作为头号种子选手，一路过关斩将，总比分以 120:39 杀进决赛圈，并以两个 15:5 的成绩完败老对手——韩国队的吉永雅和张惠玉。比赛的胜利证明了她们的实力，也实现了中国人在奥运会赛场上羽毛球金牌零的突破。

二、世界羽毛球锦标赛

世界羽毛球锦标赛，是羽毛球世界联合会（原国际羽毛球联合会）在继汤姆森杯羽毛球赛、尤伯杯羽毛球赛后，为了适应世界羽毛球运动日益发展的需要，而设立的一种以个人单项为竞赛项目的羽毛球锦标赛。

1934年，第一个世界性的羽毛球组织国际羽毛球联合会在英国成立。1978年，世界羽毛球联合会成立。事实上，在这两个组织联合之前，它们各自举行了两届世界性的羽毛球单项比赛。国际羽毛球联合会举办的时间是1977年和1980年，而世界羽毛球联合会举办的时间是1978年和1979年。1981年，两个国际性羽毛球组织宣布联合，名称仍为"国际羽毛球联合会"（2006年9月24日，国际羽毛球联合会正式改名为羽毛球世界联合会），同时他们协商决定，每两年举行一次世界羽毛球单项比赛，即世界羽毛球锦标赛，并延续上述两个国际羽毛球组织举办的比赛的届数。

世界羽毛球锦标赛设有男单、女单、男双、女双和混双五个比赛项目，1985年起为两年一届，在奇数年举办，2005年改为每年一届，但奥运年不举办。

历届世界羽毛球锦标赛的举办时间、举办地点、比赛项目、冠军及其国籍概况见表7-2。

表7-2　历届世界羽毛球锦标赛概况表

届次	年份	举办地点	项目	冠军	国籍
第1届	1978	泰国曼谷	男子单打	庾耀东	中国
			男子双打	庾耀东 / 侯加昌	中国
			女子单打	张爱玲	中国
			女子双打	张爱玲 / 李方	中国
			混合双打	比才 / 比芝隆	泰国

续表

届次	年份	举办地点	项目	冠军	国籍
第2届	1979	中国杭州	男子单打	韩健	中国
			男子双打	孙志安 / 姚喜明	中国
			女子单打	韩爱萍	中国
			女子双打	巴达马 / 素莉蓬	泰国
			混合双打	吴俊盛 / 陈念慈	中国香港
注：以上两届为世界羽毛球联合会举办					
第1届	1977	瑞典马尔默	男子单打	德尔夫斯	丹麦
			男子双打	梁春生 / 洪跃龙	印度尼西亚
			女子单打	科彭	丹麦
			女子双打	梅野尾悦子 / 上野惠美子	日本
			混合双打	斯科夫加尔德 / 科彭	丹麦
第2届	1980	印度尼西亚雅加达	男子单打	梁海量	印度尼西亚
			男子双打	张鑫源 / 纪明发	印度尼西亚
			女子单打	维拉瓦蒂	印度尼西亚
			女子双打	佩里 / 韦伯斯特	英国
			混合双打	纪明发 / 黄祖金	印度尼西亚
注：以上两届为国际羽毛球联合会举办					
第3届	1983	丹麦哥本哈根	男子单打	苏吉亚托	印度尼西亚
			男子双打	弗拉特伯格 / 希里迪	丹麦
			女子单打	李玲蔚	中国
			女子双打	林瑛 / 吴迪西	中国
			混合双打	吉尔斯特罗姆 / 佩里	瑞典 / 英格兰
第4届	1985	加拿大卡尔加里	男子单打	韩健	中国
			男子双打	朴柱奉 / 金文秀	韩国
			女子单打	韩爱萍	中国
			女子双打	韩爱萍 / 李玲蔚	中国
			混合双打	朴柱奉 / 柳尚希	韩国

届次	年份	举办地点	项目	冠军	国籍
第5届	1987	中国北京	男子单打	杨阳	中国
			男子双打	李永波 / 田秉毅	中国
			女子单打	韩爱萍	中国
			女子双打	林瑛 / 关渭贞	中国
			混合双打	王朋仁 / 史方静	中国
第6届	1989	印度尼西亚雅加达	男子单打	杨阳	中国
			男子双打	李永波 / 田秉毅	中国
			女子单打	李玲蔚	中国
			女子双打	林瑛 / 关渭贞	中国
			混合双打	朴柱奉 / 郑明熙	韩国
第7届	1991	丹麦哥本哈根	男子单打	赵剑华	中国
			男子双打	朴柱奉 / 金文秀	韩国
			女子单打	唐九红	中国
			女子双打	农群华 / 关渭贞	中国
			混合双打	朴柱奉 / 郑明熙	韩国
第8届	1993	英国伯明翰	男子单打	佐戈	印度尼西亚
			男子双打	苏巴吉亚 / 郭宏源	印度尼西亚
			女子单打	王莲香	印度尼西亚
			女子双打	农群华 / 周雷	中国
			混合双打	伦德 / 本特松	丹麦 / 瑞典
第9届	1995	瑞士洛桑	男子单打	阿尔比	印度尼西亚
			男子双打	苏巴吉亚 / 迈纳基	印度尼西亚
			女子双打	吉永雅 / 张惠玉	韩国
			混合双打	伦德 / 托姆森	丹麦
第10届	1997	英国格拉斯哥	男子单打	拉斯姆森	丹麦
			男子双打	西吉特 / 陈甲亮	印度尼西亚
			女子双打	葛菲 / 顾俊	中国
			混合双打	刘永 / 葛菲	中国
第11届	1999	丹麦哥本哈根	男子单打	孙俊	中国
			男子双打	金东文 / 河泰权	韩国
			女子单打	马尔廷	丹麦
			女子双打	葛菲 / 顾俊	中国
			混合双打	金东文 / 罗景民	韩国

续表

届次	年份	举办地点	项目	冠军	国籍
第 12 届	2001	西班牙 塞维利亚	男子单打	叶诚万	印度尼西亚
			男子双打	吴俊明 / 哈林	印度尼西亚
			女子单打	龚睿那	中国
			女子双打	高崚 / 黄穗	中国
			混合双打	张军 / 高崚	中国
第 13 届	2003	英国伯明翰	男子单打	夏煊泽	中国
			男子双打	帕斯克 / 拉斯姆森	丹麦
			女子单打	张宁	中国
			女子双打	高崚 / 黄穗	中国
			混合双打	金东文 / 罗景民	韩国
第 14 届	2005	美国 阿纳海姆	男子单打	陶菲克	印度尼西亚
			男子双打	吴俊明 / 白国豪	美国
			女子单打	谢杏芳	中国
			女子双打	杨维 / 张洁雯	中国
			混合双打	维迪安托 / 纳西尔	印度尼西亚
第 15 届	2006	西班牙 马德里	男子单打	林丹	中国
			男子双打	蔡赟 / 傅海峰	中国
			女子单打	谢杏芳	中国
			女子双打	高崚 / 黄穗	中国
			混合双打	罗布森 / 埃姆斯	英国
第 16 届	2007	马来西亚 吉隆坡	男子单打	林丹	中国
			男子双打	马基斯 / 亨德拉	印度尼西亚
			女子单打	朱琳	中国
			女子双打	杨维 / 张洁雯	中国
			混合双打	维迪安托 / 纳西尔	印度尼西亚
第 17 届	2009	印度 海德拉巴	男子单打	林丹	中国
			男子双打	蔡赟 / 傅海峰	中国
			女子单打	卢兰	中国
			女子双打	张亚雯 / 赵婷婷	中国
			混合双打	雷伯恩 / 莱特	丹麦
第 18 届	2010	法国巴黎	男子单打	陈金	中国
			男子双打	蔡赟 / 傅海峰	中国
			女子单打	王琳	中国
			女子双打	于洋 / 杜婧	中国
			混合双打	马晋 / 郑波	中国

届次	年份	举办地点	项目	冠军	国籍
第19届	2011	英国伦敦	男子单打	林丹	中国
			男子双打	蔡赟/傅海峰	中国
			女子单打	王仪涵	中国
			女子双打	于洋/王晓理	中国
			混合双打	张楠/赵芸蕾	中国
第20届	2013	中国广州	男子单打	林丹	中国
			男子双打	穆罕默德·阿赫桑/亨德拉	印度尼西亚
			女子单打	拉特查诺·因达农	泰国
			女子双打	于洋/王晓理	中国
			混合双打	通托维·艾哈迈德/纳西尔	印度尼西亚
第21届	2014	丹麦哥本哈根	男子单打	谌龙	中国
			男子双打	高成炫/申白喆	韩国
			女子单打	马林	西班牙
			女子双打	田卿/赵芸蕾	中国
			混合双打	张楠/赵芸蕾	中国
第22届	2015	印度尼西亚雅加达	男子单打	谌龙	中国
			男子双打	阿山（穆罕默德·阿赫桑）/塞蒂亚万	印度尼西亚
			女子单打	马林	西班牙
			女子双打	田卿/赵芸蕾	中国
			混合双打	张楠/赵芸蕾	中国
第23届	2017	英国格拉斯哥	男子单打	安赛龙	丹麦
			男子双打	刘成/张楠	中国
			女子单打	奥原希望	日本
			女子双打	陈清晨/贾一凡	中国
			混合双打	阿玛德/纳西尔	印度尼西亚
第24届	2018	中国南京	男子单打	桃田贤斗	日本
			男子双打	李俊慧/刘雨辰	中国
			女子单打	马林	西班牙
			女子双打	松本麻佑/永原和可那	日本
			混合双打	郑思维/黄雅琼	中国

届次	年份	举办地点	项目	冠军	国籍
第25届	2019	瑞士巴塞尔	男子单打	桃田贤斗	日本
			男子双打	阿山（穆罕默德·阿赫桑）/塞蒂亚万	印度尼西亚
			女子单打	辛杜	印度
			女子双打	松本麻佑/永原和可那	日本
			混合双打	郑思维/黄雅琼	中国
第26届	2021	西班牙维尔瓦	男子单打	骆建佑	新加坡
			男子双打	保木卓朗/小林优吾	日本
			女子单打	山口茜	日本
			女子双打	陈清晨/贾一凡	中国
			混合双打	普瓦拉努科罗/塔拉塔纳查	泰国
第27届	2022	日本东京	男子单打	安赛龙	丹麦
			男子双打	谢定峰/苏伟译	马来西亚
			女子单打	山口茜	日本
			女子双打	陈清晨/贾一凡	中国
			混合双打	郑思维/黄雅琼	中国

三、汤姆斯杯羽毛球赛

汤姆斯杯羽毛球赛，即世界男子羽毛球团体锦标赛。它每两年举办一届，是世界上最高水平的男子羽毛球团体赛。截至2022年年底，夺得汤姆斯杯冠军最多的国家是印度尼西亚，共14次。2004—2012年，中国队获得了辉煌的五连冠。

汤姆斯杯羽毛球赛是以英国著名的羽毛球运动员乔治·汤姆斯·巴尔特命名的。汤姆斯曾连续4次获得全英羽毛球锦标赛男子单打冠军，9次获得男子双打冠军，6次获得混合双打冠军。1934年7月，国际羽毛球联合会成立时，他被推选为第一任主席。1939年，国际羽毛球联合会主席汤姆斯在联合会会议上提出，组织世界性男子团体比赛的时机已成熟，并表示将为这一比赛捐赠一个奖杯，称为"汤姆斯杯"。这个建议得到了联合会会议的赞同，但由于第二次世界大战的爆发，原定 1941 年前后举办的比赛被耽搁下来。

（汤姆斯杯如图 7-1 所示高 28 厘米，包括把手在内的宽距为 16 厘米，由底座、杯形和盖三部分构成，盖的最上端有一个运动员的模型。奖杯前面刻有一句话：乔治·汤姆斯·巴尔特于 1939 年赠送国际羽毛球联合会组织的国际羽毛球冠军挑战杯。）

图 7-1　汤姆斯杯实物图片

1948—1949 年，国际羽毛球联合会在英格兰举办了第一届汤姆斯杯羽毛球赛，当时 10 个国家和地区参加了比赛，马来西亚脱颖而出，成为第一个将名字刻在汤姆斯杯上的国家。1982 年起，汤姆斯杯羽毛球赛改为每两年举办一届，并将赛制从两天 9 场 5 胜（5 单 4 双）改为一天 5 场 3 胜（3 单 2 双）。也就是从这一年开始，中国队开始参加汤姆斯杯羽毛球赛。

历届汤姆斯杯羽毛球赛的举办国家、决赛城市、决赛时间及冠军所属国家的概况见表 7-3。

表 7-3 历届汤姆斯杯羽毛球赛概况表

届次	举办国家	决赛城市	决赛时间	冠军
1	英国	普雷斯顿	1949 年	马来西亚
2	新加坡	新加坡	1952 年	马来西亚
3	新加坡	新加坡	1955 年	马来西亚
4	新加坡	新加坡	1958 年	印度尼西亚
5	印度尼西亚	雅加达	1961 年	印度尼西亚
6	日本	东京	1964 年	印度尼西亚
7	印度尼西亚	雅加达	1967 年	马来西亚
8	马来西亚	吉隆坡	1970 年	印度尼西亚
9	印度尼西亚	雅加达	1973 年	印度尼西亚
10	泰国	曼谷	1976 年	印度尼西亚
11	印度尼西亚	雅加达	1979 年	印度尼西亚
12	英国	伦敦	1982 年	中国
13	马来西亚	吉隆坡	1984 年	印度尼西亚
14	印度尼西亚	雅加达	1986 年	中国
15	马来西亚	吉隆坡	1988 年	中国
16	日本	东京	1990 年	中国
17	马来西亚	吉隆坡	1992 年	马来西亚
18	印度尼西亚	雅加达	1994 年	印度尼西亚
19	中国	中国香港	1996 年	印度尼西亚
20	中国	中国香港	1998 年	印度尼西亚
21	马来西亚	吉隆坡	2000 年	印度尼西亚
22	中国	广州	2002 年	印度尼西亚
23	印度尼西亚	雅加达	2004 年	中国
24	日本	东京	2006 年	中国
25	印度尼西亚	雅加达	2008 年	中国
26	马来西亚	吉隆坡	2010 年	中国
27	中国	武汉	2012 年	中国
28	印度	新德里	2014 年	日本
29	中国	昆山	2016 年	丹麦
30	泰国	曼谷	2018 年	中国
31	丹麦	奥胡斯	2020 年	印度尼西亚
32	泰国	曼谷	2022 年	印度

2010 年 5 月 16 日，中国羽毛球队林丹、蔡赟、傅海峰和陈金以 3:0 的成绩夺得了象征世界羽坛男子团队最高荣誉的汤姆斯杯。其间，他们坚持不懈的精神成功击退战绩辉煌的印度尼西亚队，成功实现中国队历史上第一个汤姆斯杯四连冠。

2012 年 5 月 27 日，中国队在汤姆斯杯中再创佳绩，以 3:0 的绝对优势横扫韩国队。在这次比赛中，中国队从小组赛开始，到捧杯为止，未丢一局，这再次向世人证明了，当时中国队在世界羽坛上的王者地位。

四、尤伯杯羽毛球赛

尤伯杯羽毛球赛，也称为世界女子羽毛球团体锦标赛，是世界上最高水平的女子羽毛球团体赛。该比赛由国际羽毛球联合会于 1956 年创办，每两年举办一届。在当时，由于汤姆斯杯羽毛球赛搞得红红火火，曾活跃于 20 世纪三四十年代的英国羽毛球选手贝蒂·尤伯认为，也应该有一个专供女性竞技的大型羽毛球团体赛。

贝蒂·尤伯在 1930—1949 年曾多次夺得全英羽毛球锦标赛的女子单打、女子双打和混合双打比赛的冠军。退役之后，尤伯仍对羽毛球运动情有独钟。为推动羽毛球运动的发展，她在 1956 年的国际羽毛球联合理事会上，正式向国际羽毛球联合会捐赠了由当时伦敦著名银匠麦皮依和维伯铸成的纪念杯，即如今的尤伯杯，并亲自主持了第一届尤伯杯羽毛球比赛的抽签仪式。

尤伯杯（如图 7-2 所示）高 18 厘米，中部地球仪上有一个羽毛球的模型，羽毛球上方一名女运动员模型呈现出挥拍击球的姿态。奖杯底座上刻有"尤伯夫人于 1956 年赠送国际羽毛球联合会组织的国际女子羽毛球冠军奖杯"字样。

图 7-2　尤伯杯实物图片

1957—1984 年，尤伯杯羽毛球赛三年一届。1984 年起，尤伯杯羽毛球赛改为和汤姆斯杯羽毛球赛一样，每两年举办一届，每届两项赛事同期同地举办，采用 5 场 3 胜制。

历届尤伯杯羽毛球赛举办国家、决赛城市、决赛时间及冠军概况见表 7-4。

表 7-4　历届尤伯杯羽毛球赛概况表

届次	举办国家	决赛城市	决赛时间	冠军
1	英国	兰开郡	1957 年	美国
2	美国	费城	1960 年	美国
3	美国	威尔明顿	1963 年	美国
4	新西兰	惠灵顿	1966 年	日本
5	日本	东京	1969 年	日本
6	日本	东京	1972 年	日本
7	印度尼西亚	雅加达	1975 年	印度尼西亚
8	新西兰	奥克兰	1978 年	日本
9	日本	东京	1981 年	日本
10	马来西亚	吉隆坡	1984 年	中国
11	印度尼西亚	雅加达	1986 年	中国
12	马来西亚	吉隆坡	1988 年	中国
13	日本	东京	1990 年	中国

届次	举办国家	决赛城市	决赛时间	冠军
14	马来西亚	吉隆坡	1992 年	中国
15	印度尼西亚	雅加达	1994 年	印度尼西亚
16	中国	香港	1996 年	印度尼西亚
17	中国	香港	1998 年	中国
18	马来西亚	吉隆坡	2000 年	中国
19	中国	广州	2002 年	中国
20	印度尼西亚	雅加达	2004 年	中国
21	日本	东京	2006 年	中国
22	印度尼西亚	雅加达	2008 年	中国
23	马来西亚	吉隆坡	2010 年	韩国
24	中国	武汉	2012 年	中国
25	印度	新德里	2014 年	中国
26	中国	昆山	2016 年	中国
27	泰国	曼谷	2018 年	日本
28	丹麦	奥胡斯	2021 年	中国
29	泰国	曼谷	2022 年	韩国

1956 年，第一届尤伯杯羽毛球赛仅有 11 个国家和地区参加，到 1996 年，已增加到 47 个国家和地区。

1984 年，第 10 届尤伯杯开赛，这是我国女子羽毛球队第一次参赛。在比赛中，我国选手凭借不断的努力，最终以高超的技术、灵活多变的打法，击败了印度尼西亚、日本、丹麦等各国高手，以 5:0 夺得了比赛的冠军。这是我国女子羽毛球队第一次登上世界女子羽毛球团体冠军的宝座。

1986—1992 年，我国女子羽毛球队又连续夺得第 11、12、13、14 届比赛的冠军，创造了尤伯杯历史上"五连冠"的优异成绩。

1998 年 5 月 23 日，在第 17 届尤伯杯决赛中，中国队又以 4:1 击败印度尼西亚队，第 6 次夺得阔别 6 年之久的尤伯杯。

2000 年 5 月，第 18 届尤伯杯决赛中，中国队仅用一个半小时就以 3:0 的成绩大胜丹麦队，卫冕成功，这也是我国第 7 次捧得尤伯杯。

此后，1998—2008 年的十年间，中国队连续获得了第 17、18、19、20、21、22 届尤伯杯的冠军，赢得尤伯杯"六连冠"的佳绩。

2010 年 5 月，在第 23 届尤伯杯羽毛球赛的决赛中，连续卫冕冠军的中国队与老对手韩国队狭路相逢。在比赛中，尽管汪鑫战胜成池铉，但是由于其他队员比分失利，中国队最终以总比分 1:3 不敌韩国队，与冠军失之交臂，从而无缘尤伯杯"七连冠"。这也是自 1998 年后中国队首尝败绩。

2016 年 5 月，第 26 届尤伯杯羽毛球赛在我国昆山举办。作为主场作战的中国队在历经 4 个多小时的激战后，以 3:1 的成绩力胜韩国队，实现三连冠，这也是中国队第 14 次夺取尤伯杯的胜利。

2021 年 10 月，在第 28 届尤伯杯决赛中，中国队以 3:1 逆转战局，最终完胜日本队。时隔 5 年，中国队再次捍卫了荣誉，重夺尤伯杯冠军。

五、苏迪曼杯世界羽毛球混合团体锦标赛

苏迪曼杯世界羽毛球混合团体锦标赛，简称苏迪曼杯赛，是代表羽毛球整体水平的最重要的世界大赛。1986 年，在国际羽毛球联合会召开的理事会上，举行混合团体赛的建议第一次被提出。1988 年，国际羽毛球联合会接受并指定了混合团体赛与单项锦标赛同时举办的事宜，并决定将苏迪曼杯作为混合团体赛的冠军奖杯。1989 年，第一届苏迪曼杯赛和第六届世界羽毛球锦标赛在印度尼西亚同时举办。此后，苏迪曼杯赛每两年举办一届，在奇数年举行，并与世界锦标赛安排在同一时间和地点。

苏迪曼杯赛采用 5 场 3 胜制，由男单、女单、男双、女双和混双五个项目组成。比赛还采取了升降级制，即每级最后一名降至下一级，而下一级第一名晋升上一级，且只有参加 A 级比赛的六个队有资格争夺冠军。

在印度尼西亚，羽毛球被列为"国球"。那里的羽毛球运动员有着超高的社会地位，是国家的英雄。迪克·苏迪曼出生于印度尼西亚，从小就爱好羽毛球运动，并且一生致力于羽毛球运动事业，在20世纪40年代的印度尼西亚鲜逢敌手。1951年，在苏迪曼的积极倡导下，印度尼西亚羽毛球协会正式成立，苏迪曼被推选为首任主席。1958年，苏迪曼作为主力队员代表印度尼西亚首次参加在新加坡举行的第四届汤姆斯杯比赛，并取得冠军。1973年，苏迪曼被选为国际羽毛球联合会理事，1975年，他出任国际羽毛球联合会副主席，并连续22年当选印度尼西亚羽毛球协会主席，直至1986年去世。苏迪曼将毕生的精力都奉献给了羽毛球运动，印度尼西亚人民为了纪念苏迪曼，特向国际羽毛球联合会赠送了一只以他名字命名的奖杯，即"苏迪曼杯"。

苏迪曼杯（如图7-3所示）杯身由纯银铸成，外表镀有纯金，杯高80厘米、宽50厘米、重12千克。奖杯整体是一个羽毛球造型，基座上雕刻了古迹婆罗浮屠佛塔，是一座极富民族特色，象征着印度尼西亚人民对羽毛球运动无限热爱的奖杯。

图7-3　苏迪曼杯实物图片

在苏迪曼杯历史上，共有3个国家夺冠，其中印度尼西亚曾夺冠1次，韩国曾夺冠4次，而我国夺冠12次，包括1个四连冠和1个六连冠。

历届苏迪曼杯的举办时间、举办地和三甲榜单见表7-5。

表 7-5　苏迪曼杯历届三甲榜单表

届数	时间	举办地	冠军	亚军	季军
第 01 届	1989	印度尼西亚雅加达	印度尼西亚	韩国	中国、丹麦
第 02 届	1991	丹麦哥本哈根	韩国	印度尼西亚	中国、丹麦
第 03 届	1993	英国伯明翰	韩国	印度尼西亚	中国、丹麦
第 04 届	1995	瑞士洛桑	中国	印度尼西亚	韩国、丹麦
第 05 届	1997	英国格拉斯哥	中国	韩国	印度尼西亚、丹麦
第 06 届	1999	丹麦哥本哈根	中国	丹麦	印度尼西亚、韩国
第 07 届	2001	西班牙塞维利亚	中国	印度尼西亚	丹麦、韩国
第 08 届	2003	荷兰埃因霍温	韩国	中国	印度尼西亚、丹麦
第 09 届	2005	中国北京	中国	印度尼西亚	丹麦、韩国
第 10 届	2007	英国格拉斯哥	中国	印度尼西亚	英格兰、韩国
第 11 届	2009	中国广州	中国	韩国	印度尼西亚、马来西亚
第 12 届	2011	中国青岛	中国	丹麦	韩国、印度尼西亚
第 13 届	2013	马来西亚吉隆坡	中国	韩国	丹麦、泰国
第 14 届	2015	中国东莞	中国	日本	印度尼西亚、韩国
第 15 届	2017	澳大利亚黄金海岸	韩国	中国	日本、泰国
第 16 届	2019	中国南宁	中国	日本	印度尼西亚、泰国
第 17 届	2021	芬兰万塔	中国	日本	韩国、马来西亚

六、世界羽联超级系列赛及总决赛

世界羽联超级系列赛是羽毛球世界联合会推出的一系列世界顶尖选手之间的比赛。该系列赛于 2006 年 12 月 14 日开始,2007 年全面实施。具体来说,超级系列赛就是 11 个羽毛球协会会员国举行共 12 场的二级羽毛球比赛,其中名列前茅的选手将被邀请参加年底举行的总决赛。

世界羽联超级系列赛各站赛事有:中国羽毛球公开赛、中国羽毛球大师赛、中国台北羽毛球黄金大奖赛、中国香港羽毛球公开赛、中国澳门羽毛球公开赛、全英羽毛球公开赛、马来西亚羽毛球公开赛、印度尼西亚羽毛球超级赛、韩国羽毛球公开赛、印度羽毛球公开赛、新加坡羽毛球公开赛、丹麦羽毛球公开赛、日本羽毛球公开赛、法国羽毛球公开赛、美国羽毛球公开赛、德国羽毛球公开赛、新西兰羽毛球公开赛、瑞士羽毛球公开赛、加拿大羽毛球公开赛、荷兰羽毛球公开赛、韩国羽毛球黄金大奖赛、泰国羽毛球公开赛、澳大利亚羽毛球公开赛、越南羽毛球公开赛、俄罗斯羽毛球公开赛、卢森堡羽毛球公开赛、波兰羽毛球公开赛等。

相比四年一次的奥运会、两年一次的汤尤杯和苏迪曼杯，以及每年三四百名选手参加的世界锦标赛来说，超级系列赛总决赛更像是一场世界羽坛顶尖选手的"华山论剑"。没有长时间的淘汰赛过程，上来就是高手之间的顶级决战，赛程可谓紧凑异常、扣人心弦。

世界羽联超级系列赛总决赛历届冠军概况见表 7-6。

表 7-6 世界羽联超级系列赛总决赛历届冠军概况表

年份	届次	举办地	男子单打	女子单打	男子双打	女子双打	混合双打
2008	1	马来西亚吉隆坡	李宗伟（马来西亚）	周蜜（中国）	古健杰 /陈文宏（马来西亚）	黄佩蒂 /陈仪慧（马来西亚）	雷伯恩 /尤尔（丹麦）
2009	2	马来西亚吉隆坡	李宗伟（马来西亚）	黄妙珠（马来西亚）	郑在成 /李龙大（韩国）	黄佩蒂 /陈仪慧（马来西亚）	尼尔森 /彼德森（丹麦）
2010	3	中国台北	李宗伟（马来西亚）	王适娴（中国）	鲍伊 /摩根森（丹麦）	于洋 /王晓理（中国）	张楠 /赵芸蕾（中国）
2011	4	中国柳州	林丹（中国）	王仪涵（中国）	鲍伊 /摩根森（丹麦）	于洋 /王晓理（中国）	张楠 /赵芸蕾（中国）
2012	5	中国深圳	谌龙（中国）	李雪芮（中国）	鲍伊 /摩根森（丹麦）	于洋 /王晓理（中国）	尼尔森 /彼德森（丹麦）
2013	6	吉隆坡	李宗伟（马来西亚）	李雪芮（中国）	阿山 /塞蒂亚万（印度尼西亚）	彼得森 /莱特（丹麦）	尼尔森 /彼德森（丹麦）

年份	届次	举办地	男子单打	女子单打	男子双打	女子双打	混合双打
2014	7	阿联酋迪拜	谌龙（中国）	戴资颖（中国台北）	李龙大/柳延星（韩国）	松友美佐纪/高桥礼华（日本）	张楠/赵芸蕾（中国）
2015	8	阿联酋迪拜	桃田贤斗（日本）	奥原希望（日本）	阿山/塞蒂亚万（印度尼西亚）	骆赢/骆羽（中国）	阿德考克夫妇（英国）
2016	9	阿联酋迪拜	阿塞尔森（印度尼西亚）	戴资颖（中国台北）	吴蔚昇/陈蔚强（马来西亚）	陈清晨/贾一凡（中国）	郑思维/陈清晨（中国）
2017	10	阿联酋迪拜	阿塞尔森（印度尼西亚）	山口茜（日本）	吉蒂昂/苏卡姆乔（印度尼西亚）	田中志穗/米元小春（日本）	郑思维/陈清晨（中国）
2018	11	中国广州	石宇奇（中国）	辛杜（印度）	李俊慧/刘雨辰（中国）	松友美佐纪/高桥礼华（日本）	王懿律/黄东萍（中国）
2019	12	中国广州	桃田贤斗（日本）	陈雨霏（中国）	阿山/塞蒂亚万（印度尼西亚）	陈清晨/贾一凡（中国）	郑思维/黄雅琼（中国）

第三节　羽毛球组织机构介绍

本节主要介绍羽毛球世界联合会、亚洲羽毛球联合会及中国羽毛球协会的成立时间、宗旨、参与成员及主要赛事等。

一、羽毛球世界联合会

羽毛球世界联合会，也就是曾经的国际羽毛球联合会，于 1934 年正式成立。1981 年，国际羽毛球联合会与 1978 年成立的世界羽毛球联合会合并，并维持原名。2006 年，国际羽毛球联名合会正式改名为羽毛球世界联合会（简称"世界羽联"，BWF）。世界羽联的宗旨是：从国际方面管理各国羽毛球运动；安排各种国际羽毛球比赛，并为比赛制定规程；加强各会员协会之间的友谊，促进羽毛球运动的发展。

世界羽联成立后，羽毛球运动得到进一步发展。目前，世界羽联共有 176 个成员国，分别隶属于其旗下的五个大洲联合会：亚洲羽毛球联合会（简称"亚洲羽联"）、欧洲羽毛球联合会（简称"欧洲羽联"）、非洲羽毛球联合会、泛美洲羽毛球联合会和大洋洲羽毛球联合会。通过与这五个地方管理机构的合作，世界羽联得以在全世界推广和发展羽毛球运动。

目前，世界羽联组织及参与组织的世界重大羽毛球赛有：汤姆斯杯羽毛球赛、尤伯杯羽毛球赛、苏迪曼杯世界羽毛球混合团体锦标赛、世界羽毛球锦标赛、奥林匹克运动会羽毛球赛、世界羽联超级系列赛、世界青年羽毛球锦标赛等。

二、亚洲羽毛球联合会

亚洲羽毛球联合会是亚洲羽毛球运动会的管理机构，于 1959 年成立，简称"亚洲羽联"。目前，亚洲羽联共有 43 个成员，中国羽毛球协会于 1974 年加入亚洲羽联。

亚洲羽联的宗旨和原则是：增进和维护亚洲羽毛球运动的利益；管理亚洲的羽毛球锦标赛，并制定规程；维护世界羽联所通过的羽毛球规程和规则，增进现有亚洲各国羽毛球组织之间的友谊，鼓励成立新的全国性组织。

亚洲羽联组织的比赛活动有亚洲羽毛球锦标赛和亚洲青年羽毛球锦标赛等。其中，亚洲羽毛球锦标赛的目的是奖励亚洲最优秀的羽毛球运动员。该项比赛始于 1962 年，从 1991 年开始每年举行一次。在 1994 年取消团体比赛前，团体比赛和个人比赛交替举行。亚洲青年羽毛球锦标赛是羽毛球单项锦标赛事，目的是为顶尖的亚洲青年羽毛球选手（19 岁以下）加冕。

三、中国羽毛球协会

中国羽毛球协会是由全国各省级羽毛球协会及其他各级羽毛球协会（组织）自愿结成的全国性、行业性、非营利性社会组织，于 1958 年 9 月 11 日在武汉成立，简称"中国羽协"。中国羽协是具有独立法人资格的社会团体，是代表我国参加相应的国际羽毛球活动及世界羽联、亚洲羽联的唯一合法组织。

中国羽协组织或参与组织的羽毛球赛事有中国羽毛球俱乐部超级联赛和中国羽毛球大师赛。其中，中国羽毛球俱乐部超级联赛是我国高端的体育职业联赛之一，是中国羽协与中央电视台体育中心共同举办的中国羽毛球职业赛事。中国羽毛球大师赛是世界羽联超级系列赛之一，每年举行一届。在系列赛事中，中国羽毛球大师赛是唯一冠以"大师"名称的比赛。

第四节　羽毛球运动中的基本礼仪

羽毛球运动从诞生到现在，始终是一项高雅的运动。在羽毛球比赛中，一些基本的礼仪是羽毛球文化所倡导的，也是羽毛球运动的重要组成部分。

一、比赛礼仪

1. 比赛前的礼仪

（1）按要求着好比赛服装，比赛进场时携带好自己的比赛用品并放置在规定的地方。

（2）清楚自己比赛的时间、场地和场序，按时交换名单和报到。

（3）在赛前练球热身的过程中，可为对方的练习提供帮助，有意妨碍对方练习的做法是有失风度的。

（4）进场后主动与对手和裁判握手。

（5）介绍到自己时要举手（举拍）和点头示意。

2. 比赛中的礼仪

（1）发球时要注意对方是否已经准备好，最好举球示意。

（2）接发球时如自己没有准备好，可以向对方举手示意。

（3）在球场上不要用脚主动接触球，也不要出现摔、抛球拍的行为。

（4）如果因打出一记幸运球而得分，如滚网、打框或者假动作、偷后场等，要说声"Sorry"或向对方举手（举拍）示意。

（5）如果不小心将球打到对方身上，要说声"Sorry"或向对方举手（举拍）举拍示意。

（6）球落在哪方的场地，哪方的运动员就捡球。在自己得分而对方捡球后，应向对方说声"Thanks"。

（7）自己捡球后，不要从网下给球，应从网上将球给到对方容易接到球的地方。

（8）若需擦汗、擦地板，可在征得主裁判同意后进行，不过要在规定时间内返回场地。

（9）需要换球时，在征得主裁判和对手同时同意后，才可以从副裁判那里换球。

（10）对于争议球，要第一时间向主裁判提出质疑，但"鹰眼挑战"一场比赛只有三次机会。

（11）在羽毛球场上应该相信裁判，如果存在争议，应按申述程序进行，裁判判决后要服从裁判。

3. 比赛后的礼仪

（1）比赛结束后，球落在哪方场地，该方球员要主动将球还给副裁判。

（2）比赛结束后，不论输赢，要和裁判、对手主动握手。

二、观赛礼仪

1. 比赛前的礼仪

（1）观赛者应提前进入观众席，不要大声喧哗。

（2）如果有贵宾入场观看比赛，观赛者应礼貌地鼓掌表示欢迎。

2. 比赛中的礼仪

（1）观赛者如果迟到，应在球员休息时进场，以免影响球员的注意力；同样，如果在比赛进行时离开观众席，也要在球员休息时离开。

（2）比赛进行时，不要用闪光灯拍照，更不要发出声响，手机应关机或设置为振动、静音状态。

（3）不要随意进入正在比赛的场地，以免影响球员的发挥和比赛的正常进行。

（4）比赛进行时，观赛者尽量不要从座位上站起来，更不要随意在观众席上来回走动。

（5）对比赛双方一视同仁，对精彩的表演可报以热烈的掌声和喝彩；对偶尔失误的球员不喝倒彩或起哄，且不得使用不文明的语言以及带有敌意、攻击性、侮辱性的语言刺激球员。

（6）要支持裁判的判决，不应对裁判起哄。

（7）观看比赛时不允许吸烟。

（8）要维护场内公共卫生，不随地吐痰，不乱扔果皮、果核和包装袋等杂物。

3. 比赛后的礼仪

（1）在颁奖奏获奖一方的国歌时，应肃立，不应谈笑或做其他事情。

（2）退场时不要拥挤，出场后自动疏散，不要围堵运动员或运动员的车辆。

附　录　羽毛球专业术语中英文对照

Badminton 羽毛球（运动）

一、羽毛球器材用语

racket 球拍

racket head 拍头，包括拍框和拍面

stringed area 拍面（拍弦面）

frame of racket 拍框

handle 拍柄

shaft 拍杆

throat 拍颈（连接喉）

shuttle 羽毛球

feather 羽毛

base 球托（羽毛球的软木部分）

crown of feathers 羽毛圈（羽毛球的羽毛部分）

broken shuttle 坏球

plastic shuttle 塑料羽毛球

二、羽毛球场地用语

1. 场区用语

court 球场

combination court 单打、双打合用的球场

doubles court 双打球场

singles court 单打球场

backcourt 后场

backcourt player 后场球员

forecourt 前场

forecourt player 前场球员

service court 发球区

singles service court 单打发球区

doubles service court 双打发球区

left court 左场区

left service court 左发球区

right court 右场区

right service court 右发球区

alley 单打与双打之间的场区

back alley 单打端线和双打端线之间的细长地带

2. 场地线条用语

back boundary line 端线（单打后发球线）

centre line 中线

side line 边线

side line for singles（单双打线都有的场地）单打边线

side line for doubles（单双打线都有的场地）双打边线

corners of backcourt 后场两角

short service line 前发球线

long service line for doubles（双打）后发球线

post 网柱

white tape 网顶白布条

三、羽毛球击球技术用语

1. 握拍用语

forehand 正拍

backhand 反拍

grip 握拍

backhand grip 反手握拍

forehand grip 正手握拍

2. 击球动作与球路用语

backswing 引拍（准备击球）

deception 假动作

preliminary feint（发球时的）假动作

delivery of service 发球动作

full strike 全力击球

full swing 全力挥拍

high backhand stroke 上手反拍击球

overhand stroke 上手球（高于手部的击球）

overhead stroke 头顶球（位于头顶的击球）

round-the-head stroke 绕头顶击球

shoulder-high drive 与肩齐高的平抽球

side-arm stroke 侧手球（回击位于身体侧面的球）

underhand stroke 下手球

strike 击（球）

intercept 截击

cut 切球

smash 杀球

forehand smash 正手杀球

backhand smash 反手杀球

around the head smash 过顶杀球

consecutive kill 连续扣杀

drive 平抽球

return 回球

retrieve 救球

rushing ①冲上网；②扑球

sliding step 滑步

footwork 步法

drop shot 吊球

net play 网前击球（技术）

net shot 网前放小球、网前搓球

net kill 网前扑球

lift 近网挑球

net lift 网前挑球（推后场）

clear 平高球

high clear 高远球

cross-court 斜线球

deep shot 深球（打到对方底线附近的球）

driven clear 平抽高球

hairpin shot "夹发针"球（在网前贴近地面的轻挑短球）

low shot 低平球

straight 直线球

descent（球）下降

flight（球）飞行

3. 发球、接发球用语

high serve 发高球

deep high service/long high service 发高远球

low serve 发网前球

short low service 发短低球（刚到前发球线的小球）

flick serve 发平高球（比高远球要低些，比低平球要高些）

drive serve/flat service 发低平球（比平高球要低些）

serve deep 发深球（发至后场的球）

long service 发远球（发至后场的球）

recrive 接发球

4. 其他用语

abnormal flight（球）飞行不正常

accuracy of placement 落点的准确性

shuttle missed 击球未中

play safe 打保险球

poacher（双打）抢打同伴的球

四、羽毛球战术用语

front and back（双打）前后站位打法（常用于混双）

rotation system（双打）轮转配合打法

half-court shot 半场球（对付前后站位防守的打法）

defense and fight back 防守反击

net game 网前打法

net play 网前打法

pairing（双打）配对

partner（双打）同伴

players' positions 队员方位

五、羽毛球规则用语

1. 一般规则用语

game 局（一般一场比赛有三局）

game point 局点

match 场

match point 场点、赛点（三局两胜制比赛的决胜球）

line judge 司线员

umpire 裁判员

service judge 发球裁判员

mixed double 混合双打

men's singles 男单

men's doubles 男双

women's singles 女单

women's doubles 女双

2．比赛过程用语

service over 换发球

change ends 交换场地

"choose your end." "选择场区"

"who will serve?" "谁发球"

odd number of points 单数分数

even number of points 双数分数

sequence of serving 发球次序

"Love all; play!" "零比零，开始比赛！"

"Set 2 points!" "再赛两分！"

ace/service ace 发球得分

in（球）在界内

out（球）在界外

3．犯规用语

"You touched the net." "你触网。"

"You slung the shuttle." "你拖带球。"

"You hit the shuttle twice." "你两次击球。"

fault 违例

service fault called 发球违例

foul hit 击球犯规

out of position 站错位

good return 合法还击

good service 合法发球

score cancelled 得分无效

后　记

生命在于运动，运动赋予健康。健康，是每一个人的期望。世界卫生组织把"健康"定义为生理、心理和社会适应三个方面全部良好。

从健康的界定上，我们可以看到，除了生理健康之外，心理健康和社会适应也是健康不可或缺的重要组成部分。运动是保持健康的最佳处方，不仅对于身体，对心理健康和社会适应也有非常重要的作用。羽毛球运动是我国全民健身重要推广的体育项目之一，既可怡情，又可健心，还能养性。尤其是羽毛球"勇于挑战、尊重对手"的精神，将对人的一生大有帮助！

因此，对于羽毛球运动爱好者而言，最先学习的应该是羽毛球运动的精神——勇于挑战、尊重对手，这种精神能够培养一个人坚毅的品质。在赛场上、在训练中，乃至在生活中，我们难免会遭遇失败和挫折，这时候就需要有一颗坚毅的心，勇敢地面对生活中的不如意，而羽毛球运动精神必将时刻激励着羽毛球人！

每一个坚持练习羽毛球的孩子，不仅需要勤奋刻苦，更需要家长的支持和坚持。在这里，向每一位伟大的家长致敬！因为这些家长明白，孩子成长的路上需要磨砺，而羽毛球运动能给予孩子意志的磨炼，精神品质的提升，气质的养成。

羽毛球运动，将是一个人成长路上的一笔宝贵财富！